教育原理 事始め

中田 正浩 編著

大学教育出版

まえがき

　本書は、2018（平成30）年度に小学校を始めとし、中学校2020年度、高等学校2021年度と順次完全実施される学習指導要領の意図を十分にくみ取りながら、教職科目「教育原理」を学ぶ学部生および通信教育課程で学ぶ学生向けに"教育の基本の事始め"とし、前回の『次世代の教育原理』の執筆者を入れ替えて作成したものである。

　21世紀を迎えて、早や18年が経過しており、教育を取り巻く環境は、依然として厳しいものがある。教育現場では、相も変わらず子どもの貧困・虐待・不登校・いじめによる自殺・教員の多忙感や不祥事などの学校教育上の問題が数多く生起している。

　このまえがきを記述している時期に「担任らの叱責を苦に自殺」という新聞の見出しが目に飛び込んできた。残念なことに、2017（平成29）年3月に福井県池田町の町立池田中学校の生徒に対して、担任と副担任が激しい叱責を繰り返し、精神的に追い詰められて自殺に至ったことが書かれていた。また教員による「指導死」ではないか。もう2012（平成24）年に大阪市立桜宮高校で、バスケットボール部顧問の教諭から体罰を受けた男子生徒（当時17歳）が自殺した事件を忘れたのだろうか。このような不幸な事件が二度を怒らないように、教職を目指す学生に教育の基礎・基本的な知識と教養を是非とも身につけてほしい。

　さて、「教育原理」を手元の広辞苑で引いてみると、「教育方法・教育課程などを含む教育の一般原理」とあり、引き続き「教育の概論・通論」とある。その「教育原理」は、以前勤務した大学の学生にとって科目名を聞くだけで、拒否反応を示すほど苦手な教科であることは噂に聞いていたが、筆者が2011年度に「教育原理」を担当して、予想よりも酷いものであることを知った。

　そこで、筆者自身が大学時代に使用した、石山脩平著『教育原理要論』（金子書房）を引っ張り出して、もう一度読み直してみた。お恥ずかしながら筆者が学生の頃に、この著書の内容を十分に理解していたのだろうか。今だから

こそ（小・中学校・大学の教職経験も含めて、約半世紀）やっと「教育原理」の何たるかを理解することができたような気がする。

「なぜ本書を執筆するに至ったのか」、以前の『次世代の教育原理』は数多く発行はしていなかったので品不足をきたした。今回は、前回と異なり他大学の教員と図り、再度発行にチャレンジしたのであった。

本書は、次のような点に配慮した。大学の１年次に教職課程を受講する学生が「教職入門」と同様に最初に学ぶ科目でもあるので、各章の始めには要約を、各章末には学習課題と参考文献を設定することとした。また、内容はできうる限り平易な言葉で具体的に執筆することを、各執筆者にお願いをした。

本書における執筆者一同は、小学校・中学校・高等学校等で教諭・管理職（教頭・校長）・教育行政等で、教育実践を積み重ねてきた実務家教員である。執筆者の大半が、各大学において教員養成に携わっているものであり、本書が教員を志す学生にとって指標となりうることを願っている。しかし、執筆および校正段階で時間がなく、至らぬ点が多々あると思うので、ご叱正とご教示をお願いする次第である。

最後になりましたが、（株）大学教育出版編集部の方には、前々著および前著からお世話になり、その都度企画・編集はいうに及ばず書き終えるところまでさりげなく、優しく見守っていただいたこと、同社代表取締役 佐藤守氏には「教職入門」に関する書を三冊と今回の「教育原理」二冊を執筆させていただき感謝あるのみである。

また本著は、各執筆者の先生方のご協力がなければ、本書が刊行に至ることは非常に難しかったと思います。この場を借りて感謝の意を伝えたい。

平成29年12月吉日

宝塚医療大学保健医療学部
中田研究室にて

中田　正浩

教育原理 事始め

目　次

まえがき ……………………………………………………中田正浩　i

第1章　教育の基本原理 ……………………………………中田正浩　1
1. 教育という語の意味　2
2. 「教育」の語源　3
3. 「教育」の段階的な側面　4
4. 「教育基本法」の目的・目標　5
5. 「学校教育法」の目的・目標　8
6. おわりに　12

第2章　西洋の教育思想 ……………………………………中田浩司　15
1. 古代ギリシャの教育思想　16
2. 古代ローマの教育　19
3. 中世の教育　20
4. ルネサンス期　22
5. 17世紀の教育思想（コメニウス、ロック）　23
6. 18世紀の教育思想（ルソー、ペスタロッチ）　25
7. 19世紀から20世紀にかけて
   （ヘルバルト、フレーベル、モンテッソーリ、デューイ）　26
8. おわりに　29

第3章　日本の教育制度と教育思想 ………………………中村正巳　31
1. 古代から近世の教育　32
2. 近代前期（明治期）の教育　37
3. 近代後期（大正・昭和初期）の教育　42
4. 現代の教育　46

第4章　日本の教育行政 ……………………………………中田正浩　63
1. 教育行政の意味・目的　64
2. 教育行政組織の変遷　65
3. 教育財政制度　73
4. 今後の教育行政の在り方　78

第5章　教育課程と教育方法 ……………………………山口裕毅　83

1．教育課程とは何か　*84*
2．教育課程の編成原理　*85*
3．日本における教育課程の歴史　*86*
4．戦後日本における教育課程の歴史
　　――学習指導要領の変遷を中心に――　*88*
5．新学習指導要領の骨子
　　――「資質・能力」と教科の「見方・考え方」（教科の本質）――　*92*
6．教育方法の原理　*94*

第6章　生徒指導と教育相談 ……………………………住本克彦　101

1．生徒指導と教育相談の関係　*102*
2．これからの生徒指導　*102*
3．教育に活かす開発的カウンセリング技法
　　―― 構成的グループエンカウンター ――　*103*

第7章　キャリア教育 ……………………………………山口裕毅　119

1．キャリア教育を学ぶにあたって　*120*
2．キャリア教育に関する原理的な眼差し　*120*
3．キャリア教育の主旨　*122*
4．キャリア教育で育成すべき力　*123*
5．キャリア教育をいかに行うのか――原理と実践――　*126*
6．教育と職業をめぐる昨今の社会の状況　*133*

第8章　教師の仕事 ………………………………………中村正巳　137

1．教師とは何か　*138*
2．教師の職務　*143*
3．教師の服務　*148*
4．教職の課題　*152*

第9章　学校の経営組織 …………………………………久田　孝　165

1．組織としての学校　*166*
2．学年経営　*170*

3．学級経営　*172*
　　　4．校務分掌　*175*
　　　5．PTAと地域社会　*179*
　　　6．地域社会との関係　*180*
　　　7．職員会議　*181*

第10章　特別活動と道徳…………………………………山口裕毅　*185*
　Ⅰ．特別活動 ……………………………………………………………… *186*
　　　1．特別活動の歴史　*186*
　　　2．特別活動の目標　*188*
　　　3．特別活動の内容と指導　*189*
　　　4．新学習指導要領における特別活動のポイント　*191*

　Ⅱ．道　　徳 ……………………………………………………………… *192*
　　　1．日本における道徳教育の歴史　*192*
　　　2．道徳性の発達段階説　*194*
　　　3．学校における道徳教育──全面主義と特設主義──　*195*
　　　4．道徳教育の実践──新学習指導要領から──　*195*

教育の基本原理

　21世紀を迎えて、はや18年が経過しようとしている。教育を取り巻く環境は、依然として厳しいものがある。教育現場では、相も変わらず学力低下・不登校、またいじめを苦にした自殺などの事象が起きている。新傾向としては、いじめでも教師が加害者となり、それを苦にした自殺事件が2017（平成29）年3月に福井県池田町で生起している。また授業中に生徒が先生への暴行している様子を、スマートフォンで撮影し、ネット上に流すといった事件も起こっている。教員自身に関しては、わいせつ行為・盗撮・公金横領など不祥事を起こす教員など、枚挙にいとまがないほど教育問題は山積している。
　このような激動する教育界において、次世代の担い手として、自律的に問題解決ができる児童・生徒、将来、地球的な視野から持続可能な社会の発展へと貢献することができる児童・生徒を養成する指導者の育成が喫緊の課題である。
　将来教員を目指さんとする学生の皆さんは、上記のような崇高な使命を持ち、そのような人材として活躍する日に向けて一日一日を頑張って、学び続けてほしい。

それでは、本題に入ることにする。「教育の基本原理」と題された本章においては、次の二つのテーマに絞って論じていくこととする。まず前半においては、「教育とは何か」という問題について、そして後半では「教育の目的・目標」について論じたい。

　まず、前者、つまり「教育とは何か」という問いは、極めて難しい問いであり、またその端的な答は見つからない。答も、その問が問われる時代や場所によって変わる相対的なものである。だからと言って、考えることを放棄してはならない。教員を目指す者、教育に携わる者にとって、この問いは不可避のものであり、常に問う必要がある。すぐに答えは出なくとも、また自らの思う教育が他の人の意見と異なっていてもまったく構わない。各人がそれぞれの答えを見いだしてほしい。そして教員になる前からこのような問いを常に考えてほしい。

　さて、先ほど「教育とは何か」という問題についてベストな答えはないと述べた。したがって以下に示す文章ももちろんベストなものではないが、ここに示すのは、筆者の個人的な教育論や教育観ではない。本章では、前半部では教育学的な知見から教育がどのような意味を持つのかということを紹介するにとどめる。後半部に記す「教育の目的・目標」については法規からの説明となる。それでは考察を始めることにしよう。

1. 教育という語の意味

　「教育とは何か」ということを考えるにあたって、まずその語の意味を確認してみよう。手元にある『広辞苑』には「人間に他から意図を持って働きかけ、望ましい姿に変化させ、価値を実現させる活動」とあるが、それだけでは分かったようでなかなか分からない。次に、『大辞泉』を引いてみると、「ある人間を望ましい姿に変化させるために、心身両面にわたって、意図的、計画的に働きかけること。知識の啓発、技能の教授、人間性の涵養などを図り、その人のもつ能力を伸ばそうと試みること」とある。そして2つ目の意味として、「学校教育によって身につけた成果」というのがあり、「教育」の類義語として**訓育**（知識の習得をおもな目的とする「教授」に対し、意志、感情などを涵養して望ましい人格を形成することをおもな目的とする教育作用）、**薫育**（徳を

もって人を教え導くこと)、**教化**（人を導いて善に転化させること)、**教授**（教師が教材を媒介にして学習者に知識・技術を伝え、また書く能力や価値観を形成せしめる教育活動の形式）などがあげられている。

さしあたっては、「教育とは？」、辞書的な意味では、「第三者が、ある人物に対して知識を与え、技能を教え、人間としてあるべき姿へ形成していこうとする一連の活動」と解釈できるであろう。

2.「教育」の語源

ところで、この「教育」という言葉は、いつから使われるようになったのだろうか。またどのような語源を持つ言葉なのであろうか。その語の歴史を確認してみよう。「教育」という言葉の出典は、孟子の「得天下英才、而**教育**之」（＝天下の英才を得て、これを教育する）にある。しかし、この語の使用頻度は低く、実際に「教育」という言葉が使われ始めるようになったのは、江戸時代の末期からであり、educationという語の翻訳語としてである。**蕃所調所**（ばんしょしらべしょ）（＝幕末の幕府の洋学教授・翻訳所で、1885年、蛮書和解御用を洋学所とし、1856年に蕃所調所と改称、翌年に開校。当初は軍事科学の導入に重点が置かれ旗本の子弟・藩士が入学、英学・蘭学・科学技術などを教授。1862年に洋書調所と改称した。）の**箕作麟祥**（みつくりりんしょう）（＝貴族院議員・行政裁判所長官、旧民法・旧商法の編纂）という人物が、その訳語を当てたとされる。

明治期になると、1879（明治12）年「**教育令**」という法律が出され、1890（明治23）年には、いわゆる「**教育勅語**」が発布され、「教育」という言葉は広く普及していくこととなるが、ここで、この「教育」という訳語の原語であるeducationという語を考察してみよう。手始めに、英語のeducationを手元にある『オックスフォード現代英英辞典』（第7版）を引いてみると、次のような記述を見いだすことができる。

①とりわけ学校や大学における、知識を増やし、技術を発展させるための教授訓練、学習の過程
②教授や訓練
③教授や訓練にかかわる制度や人々

④教育法を扱う研究（＝教育学）

　これは現代のわれわれが使っている「教育」という用語の説明として過不足はない。知識を伝達し、教授し、訓練させることが「教育」なのである。ところで、このeducationという言葉は、もともと「養う、育てる、大きくする」という意味を表すラテン語のeducareという言葉に由来する。つまり植物を栽培し、あるいは動物を飼育し、やしない、大きくしていくことがその語源であった。やがてこの言葉は、人間にも適用されるようになり、子どもを「大きくする」「養う」「育てる」という意味に用いられていったのである。したがってeducationは「教育」という言葉の原義はまず、「養育すること」であると言える。次いでeducareというラテン語の派生語として、educereつまり、「引き出す」という意味を持つ言葉もあるが、この語もeducareと同様educationの語源でもある。つまり、educationという語は、「養育する」という意味を表す言葉と、「引き出す」という意味の言葉が派生してできた言葉である。このような語源の考察から、「教育」の原初的な意味として、次のような定義ができるであろう。つまり、この世に生まれてきた新生児としての子どもを身体的に、また精神的に世話をし、その発育をタスケルということ、また子どもの素質や可能性を引き出し、発揮させるということである。

3.「教育」の段階的な側面

　しかしながら、「教育」とはこのような子どもの内部にある生命力や素質、そして可能性を養ったり引き出したり、あるいは端的に育てるだけにはとどまらないのである。人間は社会的な動物であり、社会的・文化的生活を営まなければならない。したがって、「教育」には必然的に、人間を社会化し、文化やそこに内在する価値を伝達していくことが求められる。つまり、単なる養育に留まらない教育が必要となってくるのだ。具体的には、子どもが社会の成員として、自律的な主体となるためには、コミュニケーションのための言語を習得し、社会生活の行動や方法また規範を覚えていくこと、人間関係を円滑なものにするための礼儀作法や道徳、日常生活や労働生活において必須となってくる知識や技術など多くのことを学ばなければならない。別様に言えば、子どもを

社会化し、文化を伝達していくためには、親がしつけをし、教え、訓練する必要があるのだ、これが「教育」のもう一つの側面である。

そして、最後に、子どもは、親によって教育されるのみではない。学校へと進む。そこでは、教師から体系化された知識や技術を教えられることになるが、この段階において、教育の中心的な形式である教授が成立するのだ。

このように、「教育」とは、養育すること、社会化し、しつけをすること、知識や技術を教授することという多義的な概念であり、それらを総括する語として、広義に用いられるのである。

4．「教育基本法」の目的・目標

「教育」とは一体、何のためになされるのか。この問題も非常に難しい問題で、恐らくベストな答えが出てくるものではなく、多様な答えが出てくるだろう。そして、教育の目的や目標は時代や場所が異なれば、必然的に変わってくるだろう。

ところで、「教育」の目的・目標というのは、わが国においては法律で定められている。それは**教育基本法**や**学校教育法**という法律においてである。

ここでは、まずこれらの法律が成立した経緯を示そう。わが国は戦後占領軍の政策によって、戦前の国家主義教育・軍国主義教育の反省の上に立って、日本国憲法に基づく民主主義・自由主義の教育理念が示されており、憲法・教育基本法体制と呼ばれた。1947（昭和22）年３月、**アメリカ教育使節団**および日本の**教育刷新委員会**が中心となって「教育基本法」および「学校教育法」を制定した。後者に関しては、これに基づき、戦後の新学制が成立した。また前者については、2006（平成18）年には、科学技術、情報化、国際化、少子高齢化など、わが国の教育をめぐる状況は大きく変化しており、様々な課題が生じている．このような状況にかんがみ、旧法を改正し、同年12月22日公布・施行した。

今回、なぜ「教育基本法」が改正に至ったのかと言えば、そもそも旧法制定当初より、保守勢力は「国への忠誠」「家族」「伝統」等の理念に欠けること、

前述したように連合国の指導下で制定されたことなどを批判し、改正に意欲を示してきた。今回の改正の端緒は2000（平成12）年に教育改革国民会議の見直し提言であり、その後、2006（平成18）年に中教審が答申を提出した。これらを踏まえて、政府は同年4月に教育基本法改正案を閣議決定し国会に提出、同年12月15日改正法が成立したのである。

　改正理由としては、制定から半世紀以上の経過、子どものモラル・学ぶ意欲の低下などがあげられたが、筆者にとってこの理由が改正を正統化し得たかは、はなはだ大きな疑問である。また、準憲法的性格を有している重要な法律を改正する際には、本来十分な国民的議論と慎重な手続きが必要であることは言うまでもないことである。

　さて、法律では珍しく前文を有してしているこの「教育基本法」は、教育法令の基礎である原理的規定を設けていると同時に、戦後の教育の指導原理、理念、目的を定めており、教育憲法、教育憲章とも呼ばれている。以下の旧法と新法の前文を比較しながら読んでみることにしよう。

* （旧）教育基本法前文

> 　われらは、先に、日本国憲法を確定し、民主的で文化的な国家を建設して、世界の平和と人類の福祉に貢献しようとする決意を示した。この理想の実現は、根本において教育の力にまつべきものである。
> 　われらは、個人の尊厳を重んじ、真理と平和を希求する人間の育成を期するとともに、普遍的にしてしかも個性ゆたかな文化の創造をめざす教育を普及徹底しなければならない。
> 　ここに、<u>日本国憲法の精神に則り</u>、教育の目的を明示して、新しい日本の教育の基本を確立するため、この法律を制定する。

* （新）教育基本法

> 　我々日本国民は、たゆまぬ努力によって築いてきた民主的で文化的な国家を更に発展させるとともに、世界の平和と人類の福祉の向上に貢献することを願うものである。
> 　我々は、この理想を実現するため、個人の尊厳を重んじ、真理と正義を希求し、公共の精神を尊び、豊かな人間性と創造性を備えた人間の育成を期するとともに、伝統を継承し、新しい文化の創造をめざす教育を推進する。
> 　ここに、我々は、<u>日本国憲法の精神にのっとり</u>、わが国の未来を切り拓く教育の基本を確立し、その振興を図るため、この法律を制定する。

旧法も新法も、わが国の教育とそこで社会を形成する人間の育成は、何よりも日本国憲法の精神にのっとって行われなければならないこと（下線部）が示されている。そして、この法律の第1条（教育の目的）には、次のような条文がある。

第1条「教育は、<u>人格の完成</u>をめざし、平和で<u>民主的な国家及び社会の形成者</u>として必要な資質を備えた心身ともに健康な国民の育成を期して行われなければならない」

　つまり、わが国の教育の目的とは、"人格の完成"を目指す、つまり人間性を陶冶していくこと、そして日本国憲法にも定められた"民主的な国家を形成する主権者"として、"心身ともに健康である国民を育成"していくことにあると法律で規定されているのである。さらに「日本国憲法」で明言されている「平和を愛する」また「平和を維持する」というわれわれの使命を、教育において具現化しなければならないということが主張されている。これはもちろん、悲惨な戦争を経て、過去への反省と未来への決意から生まれてきたものであるということは言うまでもない。次いで、この法律では、第2条（教育の目標）に教育の目的を実現するための目標が記されている。

　本条は、教育目標を定めており、旧二条（教育の方針）にも関連しているが、実際には新設といってもよい。多くの教育目標の項目が設けられたがこのような理念的道義的規定の過剰さは、「法と道徳との峻別」という近代法原則に反している。さらに、理念の内容も問題視され、もっとも議論を呼んだのは5項目の「我が国を愛する態度の養成」である。この規定導入の背景には、戦前教育への回帰や憲法改正を目指す国家主義的な潮流があり、少しキナ臭いにおいがしないではない。

第2条「教育は、その目的を実現するため、学問の自由を尊重しつつ、次に掲げる目標を達成するよう行われるものとする。
　一　幅広い知識と教養を身に付け、真理を求める態度を養い、豊かな情操と道徳心を培うとともに、健やかな身体を養うこと。
　二　個人の価値を尊重して、その能力を伸ばし、創造性を培い、自主及び自律の精神を養うとともに、職業及び生活との関連を重視し、勤労を重んずる態度を養うこと。

三　正義と責任、男女の平等、自他の敬愛と協力を重んずるとともに、公共の精神に基づき、主体的に社会の形成に参画し、その発展に寄与する態度を養うこと。
　四　生命を尊び、自然を大切にし、環境の保全に寄与する態度を養うこと。
　五　伝統と文化を尊重し、それらをはぐくんできた我が国と郷土を愛するとともに、他国を尊重し、国際社会の平和と発展に寄与する態度を養うこと。」

　教育の目標として、幅の広い知識や教養を獲得し、真理を求める、つまり学問を愛し、知的に発展すること、またこれが人格の完成に直接関係していることは言うまでもない。また、個人の価値を尊重するとともに他者の価値をも尊重すること、そして平等な社会を構築していくこと、さらに勤労を通して社会に貢献し、わが国の発展のみならず他国の発展と国際社会に貢献する態度を慣用していくことが教育の目標なのである。

　日本の学校教育は、原則的に法律の枠内で運営されるべきであるが、一方でその内容、方向性は時代の進展や変化、社会の在り方に伴って、中教審において検討されている。顕現する理念と、実際学校教育の現場でなされている実践が、合致しているとは言い難いがそれでもやはり、教育に従事する者、また教職を志す者はこの理念を忘れることなく、日々の実践に努めていくことが求められるであろう。

5．「学校教育法」の目的・目標

　さて、先に見た「教育基本法」においては、「人格の完成」や「平和で民主的な社会の構築」に主眼が置かれていたが、初等・中等・高等といった心身の発達段階を考慮に入れて、「**学校教育法**」が定められている。そして、そこでは幼稚園・小学校・中学校・高等学校・中等教育学校・特別支援学校・大学などの各学校の階梯における具体的な教育目的や目標を定めている。また、目的や目標を前提に、学校教育の中でどのような能力を具体的に養成していくべきかを述べたものが、小中高それぞれの「**学習指導要領**」であり、幼稚園では「**幼稚園教育要領**」である。なお、幼稚園の新教育課程は2018年度より全面実施、「学習指導要領」については、小学校は2018年度より先行実施、全面実施

は2020年度より、中学校は2018年度より先行実施、全面実施は2021年度より、高等学校は2019年度より先行実施、全面実施は2022年度より年次進行で実施され、それぞれ改訂されている。もしくは改訂される予定である。

「学校教育法」における各学校の教育目的・目標は次の通りである。

教育目的・目標

> 幼稚園
> 第22条「条幼稚園は、<u>義務教育及びその後の教育の基礎を培うものとして</u>、幼児を保育し、幼児の健やかな成長のために適当な環境を与えて、その心身の発達を助長することを目的とする。
> 小学校
> 第29条「小学校は、心身の発達に応じて、義務教育として行われる普通教育のうち基礎的なものを施すことを目的とする。
> 中学校
> 第45条「中学校は、小学校における教育の基礎の上に、心身の発達に応じて、義務教育として行われる普通教育を施すことを目的とする。
> 高等学校
> 第50条「高等学校は、中学校における教育の基礎の上に、心身の発達及び進路に応じて、高度な普通教育及び専門教育を施すことを目的とする。

これらは、1つの到達点であり、この目的が達成されるために、心身の発達に応じて体系的な教育が組織的に行われなければならない。また上述のような目的を達成するために、各学校園の目標が示される。幼稚園から高等学校までを以下に示す。

<u>幼稚園の目標（第23条）</u>

　一　健康、安全で幸福な生活のために必要な基本的な習慣を養い、身体諸機能の調和的発達を図ること。
　二　集団生活を通じて、喜んでこれに参加する態度を養うとともに家族や身近な人への信頼感を深め、自主、自律及び協同の精神並びに規範意識の芽生えを養うこと。
　三　身近な社会生活、生命及び自然に対する興味を養い、それらに対する正しい理解と態度及び思考力の芽生えを養うこと。
　四　日常の会話や、絵本、童話等に親しむことを通じて、言葉の使い方を正しく導くとともに、相手の話を理解しようとする態度を養うこと。

五　音楽、身体による表現、造形等に親しむことを通じて、豊かな感性と表現力の芽生えを養うこと。
　　　幼稚園においては、健全で安全な生活を送り、日常の生活習慣を身に付けること、そして集団的な生活を通して社会性を民付けること、言語、音楽、絵画制作といったそれぞれの活動を通して、感性や表現力を習得することが望まれる。

　幼稚園においては、健全で安全な生活を送り、日常の生活習慣を身に付けること、そして集団的な生活を通して社会性を民付けること、言語、音楽、絵画制作といったそれぞれの活動を通して、感性や表現力を習得することが望まれる。
　続いて義務教育である小学校、中学校を見るが、それぞれの内容を示した条文の中に出てくる第21条の条文とは、「学校教育法」第2章義務教育第21条であり、義務教育として行われる普通教育の目標を記しているものである。これらを先に示したのちに、小学校・中学校の教育目標を示すことにする。

教育目標（第21条）

一　学校内外における社会的活動を促進し、自主、自律及び協同の精神、規範意識、公正な判断力並びに公共の精神に基づき主体的に社会の形成に参画し、その発展に寄与する態度を養うこと。
二　学校内外における自然体験活動を促進し、生命及び自然を尊重する精神並びに環境の保全に寄与する態度を養うこと。
三　我が国と郷土の現状と歴史について、正しい理解に導き、伝統と文化を尊重し、それらをはぐくんできた我が国と郷土を愛する態度を養うとともに、進んで外国の文化の理解を通じて、他国を尊重し、国際社会の平和と発展に寄与する態度を養うこと。
四　家族と家庭の役割、生活に必要な衣、食、住、情報、産業その他の事項について基礎的な理解と技能を養うこと。
五　読書に親しませ、生活に必要な国語を正しく理解し、使用する基礎的な能力を養うこと。
六　生活に必要な数量的な関係を正しく理解し、処理する基礎的な能力を養うこと。
七　生活にかかわる自然現象について、観察及び実験を通じて、科学的に理解し、処理する基礎的な能力を養うこと。
八　健康、安全で幸福な生活のために必要な習慣を養うとともに、運動を通じて

> 　　体力を養い、心身の調和的発達を図ること。
> 九　生活を明るく豊かにする音楽、美術、文芸その他の芸術について基礎的な理解と技能を養うこと。
> 十　職業についての基礎的な知識と技能、勤労を重んずる態度及び個性に応じて将来の進路を選択する能力を養うこと。

小学校の目的・目標

> 第29条「小学校は心身の発達に応じて、義務教育として行われる普通教育のうち基礎的なものを施すことを目的とする。」
> 第30条「小学校における教育は、前条に規定する目的を実現するために必要な程度において<u>第二十一各号に掲げる目標</u>を達成するよう行われるものとする。」
> 第30条２項「生涯にわたり学習する基盤が培われるよう、基礎的な知識及び知能を習得させるとともに、これらを活用して課題を解決するために必要な思考力、判断力、表現力、その他の能力をはぐくみ、主体的に学習に取り組む態度を養うことに、特に意を用いなければならない。」
> 第31条「小学校においては、前条第一項の規定による目標の達成に資するよう、教育指導を行うに当たり、児童の体験的な学習活動、特にボランティア活動など社会奉仕体験活動、自然体験活動その他の体験活動に充実に努めるものとする。この場合において、社会教育関係団体その他の関係団体及び関係機関との連携に十分配慮しなければならない。」

中学校の目的・目標

> 第45条「中学校は、小学校における教育の基礎の上に、心身の発達に応じて、義務教育として行われる普通教育を施すことを目的とする。」
> 第46条「中学校における教育は、前条に規定する目的を実現するため、<u>第二十一条各号に掲げる目標</u>を達成するよう行われるものとする。」

　義務教育においては、教育は、学校教育法第21条に掲げられている諸々の目標を具現化するために行われなければならない。特に、学校内外での生活を通して、社会性を身につけるということ、および自律的な主体として、判断力、公共精神を身につけ、民主的で平和で平等な社会の構築に寄与することが求められるのである。また社会生活の基本を身に付けること、数的・言語的理解度を向上させることが目標とされる。

高等学校

> 第50条「高等学校は、中学校における教育の基礎の上に、心身の発達及び進路に応じて、高度な普通教育及び専門教育を施すことを目的とする。」
> 第51条「高等学校における教育は、前条に規定する目的を実現するため、次に掲げる目標を達成するよう行われるものとする。」
> 一 義務教育として行われる普通教育の成果を更に発展拡充させて、豊かな人間性、創造性及び健やかな身体を養い、国家及び社会の形成者として必要な資質を養うこと。
> 二 社会において果たさなければならない使命の自覚に基づき、個性に応じて将来の進路を決定させ、一般的な教養を高め、専門的な知識、技術及び技能を習得させること。
> 三 個性の確立に努めるとともに、社会について、広く深い理解と健全な批判力を養い、社会の発展に寄与する態度を養うこと。

　高等学校は、義務教育においてそれまで培ってきた能力、資質を一層深化させる時期である。自らの教養を高めるとともに社会一般について広範な知識を持つということ、また健全な批判力を養い、社会へと貢献するよう育成されるべきなのである。

　このように各学校園においては、教育の目的や目標が、法律によって定められてはいる。しかしながら、実際の教育現場において実践されているものとは乖離があるだろう。また近年の学力調査によれば、言語の運用能力や知識の活用など達成状況に課題はみられる。そして、学習指導要領の改訂に伴い、それに応じた学校教育がなされなければならない。

6．おわりに

　冒頭にも述べたが、現在、わが国の教育をめぐる環境は非常に厳しい。とりわけ、学校現場においては、学力の低下・学級崩壊・いじめ・虐待や教員の不祥事、学校園に理不尽な要求を突き付けてくるモンスターペアレントなど、あるいは、家庭における教育的機能の不全など解決すべき問題は山ほどある。

　このような時代において、将来教育現場で教師として活躍するであろう学生諸君には、「教育者としての使命感、人間の成長についての深い理解、幼児・

児童・生徒に対する教育的愛情、教科等に関する専門的知識、広く豊かな教養、そしてこれらを基盤とした実践的指導力」(1987(昭和62)年)「教員の資質能力の向上方策などについて」が求められる。そして同時に、「今後特に教員に求められる資質能力」として、

①地球的視野に立って行動するための資質能力
　・地球、国家、人間等に関する適切な理解
　・豊かな人間性
　・国際社会で生きる社会人に求められる資質能力
②変化の時代を生きる社会人に求められる資質能力
　・課題解決能力に適応するための知識および技能
　・人間関係にかかわるもの
　・社会の変化に適応するための知識および技能
③教員の職務から必然的に求められる資質能力
　・幼児・児童・生徒や教育の在り方に関する適切な理解
　・教職に対する愛着、誇り、一体感
　・教科指導、生徒指導等のための知識、技能および態度

が求められる。このように、教員には多様な資質や能力が求められ、教員一人ひとりが、これらについて最低限必要な知識や技術を備えることが不可欠である。教員の資質や能力は、それぞれの職務、専門分野、適性、興味、関心等に応じ生涯にわたってその向上が図られる必要がある。

　1998(平成10)年に行われたサッカーワールドカップで、フランス代表を優勝に導いたコーチ、ロジェ・ルメールは次のように述べている。「学ぶことをやめたときに、教えることをやめなければならない」。これから教師として活躍していく学生諸君は、常に学ぶことを忘れないでほしい。

学習課題

（1）「自らが教師として理想と思う教育について」考えてみよう。また、仲間でこのテーマで語り合ってほしい。

（2）「教育基本法」「学校教育法」といった法律から、どのような教育【保育】が目的とされるのか、幼稚園・小学校・中学校・高等学校に分けて整理しておこう。

【参考文献】
中田正浩『次世代の教職入門』大学教育出版　2011
中田正浩『人間教育を視点に下教職入門』大学教育出版　2014
広岡義之『あたらしい教育原理』ミネルヴァ書房　2011
安彦忠彦『最新教育原理』勁草書房　2010
佐々木正治『新教育原理・教師論』福村出版　2008

第2章

西洋の教育思想

︙

　本章では、古代から現代に至るまでの西洋の教育思想について論じる。とくに、各自治体（都道府県教育委員会・政令指定都市教育委員会）の教員採用試験やその出題傾向を踏まえつつ、教員養成において学習が必要不可欠な教育思想家とその主要な思想を簡潔に紹介していく。それゆえ、本章の記述だけでは物足りないことがあるだろう。その場合、章末に掲載した文献を参考にしながら、自ら学習し、知見を深めていただきたい。またそれぞれの教育思想家に関心を持った場合は、彼らが残した著作を手にとってその思想に直接触れることをお願いしたい。

　本章は、古代ギリシャの教育思想から始め、ローマ、中世、ルネサンス、17世紀、18世紀、19・20世紀の6つの節に分かれる。各節ではその時代の代表的な教育思想家の思想の概要、著作などを示した。また、できる限り、その時代の歴史的特徴を記すことによって西洋史の大まかな復習もできるようにした。

1．古代ギリシャの教育思想

（1）ホメロス

古代ギリシャにおける教育の源泉は、『イリアス』および『オデュセイア』叙事詩の作者として知られるホメロス（生没年未詳）にある。彼は、ギリシャ文明の黎明期(れいめいき)の英雄の生涯やその功績を語った。彼の詩的形式は、規則正しいリズムによるものであり、当代の事物を豊富に取り入れた主題を扱っている。ホメロスは、ギリシャ人に対して、その理想的な資質や人間としてのあり方を提供し、ギリシャ人はホメロスの提示する人物像を模範とし、人生の教訓や世界のあり方を学んだのである。つまり、このころの教育とは、行動において賢明な人間を育成することが主たる目的であった。

ホメロス

（2）ポリス（スパルタとアテナイ）

紀元前10世紀から8世紀にかけて、ポリス（都市国家）が成立することによって、教育は大いなる転換を迎える。それはまず、スパルタという都市国家においてである。スパルタでは、強力な軍事力を保持し、集団的国家的教育を推進しようという意志のもと、質実剛健で、勇敢な軍人、また国家を愛し、忠誠を誓う人間を育成することが目的とされた。そこで、教育は国家の戦士を育成することを主とし、さらに、スパルタでは、市民は国家に心身ともに属しており、国家の監督下に置かれ、身体的および精神的に厳格な訓練を受けていた。

一方同じころ、アテナイにおいては、スパルタの雰囲気とはまったく異なっていた。スパルタでは、軍事的強制のもと、国家のために戦う兵士を育成していたのに対し、アテナイでは、都市

都市国家アテナイのパルテノン神殿

国家によって教育が実施されたということはない。自由や正義を重視する風潮のもとで、家庭が人格形成の重要な場となり、母親や子守の女性により育てられた。そののち、7歳になるとパイダーゴス（教育係）と呼ばれる奴隷が学校まで付き添い、授業にともに出席し、家庭教師も務めた。そして、身辺の世話やしつけを担当し、子どもの事実上の教育者となったのであった。知の伝達という面に関しては、このころちょうど教師という職業が成立し、国語や音楽、体育を教授したが、彼らは、知や技術を伝達する指導者にすぎなかったのである。

（3）ソフィスト

　紀元前5世紀、ギリシャにおける都市国家は、政体が発展し、君主政から寡頭政、僭主政、民主政へと発展を見せることになる。また政治的、経済的、そして文化的にも栄え、社会の知的水準が高まると同時に、専門的な知識を授ける人間が必要とされ始める。このような状況において、ソフィストと呼ばれる職業的教師が誕生する。とりわけ、「人間は万物の尺度である」という言葉を残したプロタゴラス（B.C490頃－B.C425頃）はその代表者であり、ヒッピアス（B.C？－490）やゴルギアス（B.C483頃－B.C375頃）といった人物もソフィストに属する。ソフィストとは、もともとは、「賢い者」あるいは「智者」という意味であるが、紀元前5世紀においては、アテナイやその他の諸都市を回りながら有能な市民として必要不可欠な知識を有料で授けた職業教師を意味する。ソフィストが行った教育は、政治学、文献学や数学など、その領域は多岐にわたるが、その教育の中心は、当時の民主政治のもとで必要とされた修辞学や弁論術であった。つまり、複数の意見が存する政治的な場において、聴衆の心をとらえ、賛成を得るという説得の術であった。このような修練を通して、社会において適切な判断を下すことができる知の育成を目指したのであった。とはいえ、その教育は、議論をうまくあやつる単なる詭弁にすぎず、また表面的な知識の獲得という形式主義にすぎないという批判を免れなかった。そして、後に見るソクラテスの時代になるとソフィストは軽蔑的な意味を持つようになった。

(4) ソクラテス

古代ギリシャにおける最大の哲学者、教育者として、まず、ソクラテス（B.C470頃 – B.C399頃）をあげることができるだろう。ソクラテス自身は、著作物を残しておらず、彼の教育思想は、その弟子であるプラトンやクセノフォンの作品を通してうかがい知ることしかできない。教育において、先述のソフィストは、広く民衆に知識やそれを活用する技術を売り歩いたのに対し、ソクラテスはまったく異

ソクラテス

なる方法で、ギリシャの青年たちの教育に専念した。すなわち、ソクラテスは、本質的なものや真なるものを認識することを目指し、善き生を送ることによって、そして絶対的な徳を追究することによって倫理的な人格の形成を教育の主たる目的としたのである。

ソクラテスにおいて注目したいことは、とりわけその方法である。彼は、問答形式で、自らはまったくの無知を装いながら相手に質問を発し、巧みに対話を進め、その対話者自身に対して、その答えの含む矛盾を指摘しつつ相手の無知を自覚させ（「無知の知」）、知識を発見させようとした。この方法は、相手に教えるというのではなく、自ら真理を生み出すということを助けるという点で、また彼の母親の職業にちなんで「産婆術」と呼んだ。

(5) プラトン

ソクラテスの弟子であったプラトン（B.C428頃 – B.C348頃）は、その師の思想を受け継ぎ発展させた哲学者である。イデア論と霊魂不滅論こそが彼の哲学において中心となるテーゼであるが、教育者として、紀元前388年、アテナイの西部郊外に世界最初の高等教育機関である「アカデメイア」という学寮を開設したことが有名である。そこでは、政治学や哲学、数学や天文学といった科学が教授されるとともに、社会で活躍する人材を数多く輩出することが意図された。なお、このアカデメイアは525年ローマ皇帝ユスチニアヌスによる解散を命じられるまで900年の長きにわ

プラトン

たって存続したのであった。

　プラトンの著作は、きわめて豊富であり、それが取り扱う主題は、哲学に関するもの、政治学に関するもの、認識論に関するものと非常に多岐にわたる。教育論に関しては、特にその著作『国家』が重要である。そこでは、理想の国家はいかなるものか、それを建設することができる人間をいかにして教育していくかという哲人王教育論が詳論される。

（6）アリストテレス

　プラトンはソクラテスの継承者であったのと同様、アリストテレス（B.C384－B.C322）はプラトンの継承者であった。17歳のころ、プラトンのアカデメイアに入門した彼は、20年間プラトンの死までそこで学んだ後、小アジアのマケドニアに招聘され王子アレクサンドロスの教育を担当した。アレクサンドロスのペルシア遠征時の紀元前335年アテナイに戻り、リュケイオンという名の

アリストテレス

学校を開いた。なお、フランス語で高等学校を意味するリセ（Lycée）という言葉は、アリストテレスのリュケイオンに由来している。また、この学校で彼は逍遙しながら講義をしたことから彼の学派を逍遙学派と呼ぶ。現存する彼の著作群は、ここでの講義の成果であり、以後、特に彼の形而上学、自然学、倫理学は中世のスコラ哲学において学問の権威となり、中世の大学の教科書となった。

2. 古代ローマの教育

　古代ローマは、イタリア半島中部に建設した都市国家である。当初は王政であったが紀元前6世紀には、共和制を樹立した。貴族と平民は、身分的に区別され、前者は、執政官や元老院の議員として国政運営を担った。紀元前3世紀には、イタリア半島内の統一を実現し、3度にわたるポエニ戦争（前264～146）において、西地中海を攻め、フェニキア人の植民市カルタゴ（現在のチュニジア）を滅ぼした。続いて、東地中海にも兵を送り、紀元前1世紀後半

には、地中海世界を征服した。その後、共和制を無視する三頭政治が行われ、カエサルが権力を掌握した。カエサルは、外征に勝利し、ローマ帝政の礎を築いたが、共和制を重んじる反対派によって殺害されることとなった。その後、オクタウィアヌスが登場し、その単独支配が行われ、以後、五賢帝の時代に代表されるローマ帝政が続くこととなる。

キケロ

　古代ローマにおいては、ギリシャ文化を受け継いでいたが、言論や雄弁、あるいは推論といった技術を獲得すること、また、英知が結集したところの著作者の作品の研究によって、人文主義的な教養を身につけることが理想とされた。この時代において、西洋教育史の観点で注目すべきは、次の2人の人物である。それは、キケロとクインティリアヌスである。

　ローマの共和制の雄弁家にして政治家、哲学者であったキケロ（B.C106－B.C43）は、『弁論家について』、『国家論』など弁論、道徳、政治といった様々な主題について、ラテン語による著作を残した。また、その文章はラテン文の模範とされたと同時に、ローマ人の道徳的教化に役立った。

　クインティリアヌス（35－100頃）は、ローマにおいて修辞学校を開き、給料を受けつつ雄弁術を教えた最初の人物であった。全12巻からなる『弁論家の教育』は、修辞学校での教師としての経験に基づいて書かれたものであり、弁論術の基礎的要素を論じると同時に、家庭教育、学校教育にも言及している。古代における教育に関する体系的な著作である。

　古代ローマは、ヘレニズムつまり古代ギリシャの文学や弁論術と接触し、それらを教育に取り入れラテン化し、西ヨーロッパに広げることを推進した時代であった。

3．中世の教育

　古代と近代の間に位置する中世は、一般的には、4世紀から15世紀末までの約1000年を指す。史実でいえばキリスト教の公認（313年）にはじまり、ゲルマン民族の大移動、ローマ帝国の分裂（395年）、西ローマ帝国の滅亡（395年）

から1453年の東ローマ帝国の滅亡までを指す。歴史の舞台が地中海沿岸からヨーロッパへと移りゆく非常に長いこの時代において、西洋教育思想の観点から覚えておくべきことは、特にキリスト教と大学の誕生という2つの点である。コンスタンティヌス1世のミラノ勅令によってキリスト教が公認され、ヨーロッパ社会は、キリスト教の影響のもと構築され、教育においてもその影響がみられる。

（1）キリスト教と教育

中世における教父哲学の代表者である聖アウグスティヌス（354－430）は、キリスト教とプラトン主義との融合を試み、自らの遍歴を語った自伝的著作『告白』や、神学的な歴史哲学を論じた『神の国』（426）を著した。教育の面では、彼は、キリスト教の教義の理解のためにはギリシャ哲学の理解が必要であり、それが神学的思弁の基礎となると主張し、後に聖職者養成学校を設置した。そこでは、キリスト教の典礼や司牧者としての教育、また教義的・哲学的に高い射程を持ったキリスト教の体系が講義されていた。

聖アウグスティヌス

その後、モンテ・カッシーノ修道院を設立した聖ベネディクトゥス（480－543）が、若者たちに、ラテン語の知識や哲学的・神学的知識を授けた。また、修道院という共同体で共同生活を送るために、「会則」を定め、それを順守しながら、「清貧、純潔、服従」を基本理念とし、神に仕える学校として中世のキリスト教教育機関の最も重要なもののうちの1つとなった。

（2）大学の誕生

加えて、中世における教育で最も重要なことは、11世紀以降、西ヨーロッパで大学が誕生していく。特に、法学研究で知られるボローニャ大学、神学のパリ大学、そしてパリ大学を模範にオックスフォード大学が発足した。当時の大学は学問のギルド、つまり同業者組合であり、教皇や皇帝といった権力者から特権を与えられ、自治が認められた。中世の大学で扱われていた諸科目は、古

代ギリシャ・ローマ時代において形成された知の体系であり、これに倣うことは、教養の全領域をカバーすることができると考えられたからである。とりわけリベラル・アーツ（自由学芸）を基礎科目とし、神学を専門の上位科目としていた。特にリベラル・アーツは、2つの部分からなっており、1つは「トリウィウム（trivium）」と呼ばれる三科目で、文法学や修辞学、弁証法など言葉や記号を扱う技芸である。もう1つは、「クワドリウィウム（quadrivium）」であり、算術、幾何学、音楽、天文学といった事物および数を扱う科目であった。

4．ルネサンス期

ルネサンス（renaissance）は、まず、イタリアで、14世紀に、その後スペイン、フランス、ドイツなどヨーロッパ諸国においては15〜16世紀に起こった芸術や学問、美術、建築など多方面にわたる文化運動である。ルネサンスとは、フランス語で「再生」を表す言葉であるが、慣習的に、「文芸復興」と訳される。古代ギリシャ、ローマの文化を模範とし、それを再興させながら新しい文化を創造していく運動であり、とりわけ、思想の分野ではキリスト教神学によって体系化されたスコラ哲学を批判し、新しい時代を開拓する精神の準備がなされていく。また、教育の分野でも、上記のような試みを踏まえて、旧来のキリスト教的な古い教育観、文法中心（修辞学や論理学）の教育、形式主義的教育を改善することが目指された。そこから、新しい個人の教育心情や教育を展開し、注目すべき教育理論が数多く生まれた。

（1）エラスムス

エラスムス（1466/1469 - 1536）はオランダ、ルネサンス期の最高の知識人であり、かつ最高の人文主義者とされる。アウグスティヌス会修道会の神父であったが、修道院制度やスコラ哲学に批判を加え、宗教改革に大いなる影響を与えた。彼の著作は膨数多く存在するが、教育論として書かれたのは、『学習方法論』、(1512)『キリスト教君主教育論』(1516)、『児童の品

エラスムス

性の洗練について』（1530）などであるが、その主著である『痴愚神礼賛』（1511）や『平和の訴え』（1517）も教育と関連している。

　エラスムスの教育思想において、最も注目すべきは、ギリシャやラテン語の著作を研究することによって生徒の趣味を洗練し、数多くの訓練によって書く技術と話す技術が学ばれることになる。翻訳や詩作、手紙、演説の実作など表現の技術を養成し、文学的で審美的な教育を行った。そして、エラスムスは、礼儀に大いなる重要性を与え、品行方正な人間の育成を目指した。

　つまるところ、エラスムスが目指したのは、理想化された人文主義者、キリスト教徒であり、ギリシャ古典の英知を体現するものである。それは同時にルネサンスにおける博識な人間でもあった。

（2）宗教改革と教育

　加えてルネサンス以降に、宗教改革運動があったということも重要である。とりわけ、マルティン・ルター（1483－1546）は宗教改革の中心人物として、1517年ローマ教皇の免罪符の発行に対し「95か条の意見書」を提出、キリスト教を教会から個人の信仰のもとに取り戻すプロテスタント宗教改革の先駆けとなった。またドイツ語に聖書を翻訳し、それまでの一部の特権的な人たちが読むことができた聖書をより多くの人に広めた。また、キリスト教の教理をわかりやすく記した『教理問答書』（『カテキズム』）によって子どもたちを善きキリスト教徒に育成していくことを試みたのであった。

　またこの時期は、多くの修道会が教育機関を経営、管理していた。その中でも、最も顕著な教育活動を行った修道会は、イエズス会であり、その教育機関であったコレージュ（collège）であった。イタリアのメッシーナにヨーロッパで最初のイエズス会の学校を創設し、それを足がかりとして学校を次々にヨーロッパ中に開設し、比較的短期間でその学校を拡大させていった。

5．17世紀の教育思想（コメニウス、ロック）

　ルネサンス期以降、それまで絶対的な権力を保持していた神聖ローマ皇帝やローマ教皇のそれが衰退し始め、諸国の君主は、自らの領有地の統一を進め主

権国家を成立させることを目指した。そして17世紀に入り、三十年戦争（1618－48）が勃発し、神聖ローマ皇帝、ローマ教皇の地位は完全に失墜してしまう。そしてその講和条約であったウエストファリア条約でヨーロッパにおける主権国家体制は確立されることとなった。諸国の君主たちは、官僚機構を整えること、また軍隊を備えることによって、集権的国家体制を打ち立てたのであった。このような時代においては、近代的な教育の重要な思想が数多く提言された。

（1）コメニウス

17世紀を代表する教育思想家として、「近代教育学の祖」と呼ばれる現在のチェコに生まれたコメニウス（1592－1670）があげられる。百科全書的な哲学体系（汎知学）の研究に力を注ぎ、『大教授学』（1657）や世界最初の絵入り教科書として有名な『世界図絵』（1658）、『開かれた言語の扉』（1631）を記した。コメニウスの教育思想は、「すべての人が、すべてのことを、すべての面において（学ぶ）」という表現に集約されるが、身分や男女や貧富の差なく、普遍的な知識の体系を学ぶものであった。普通教育がまったく行われていないこのような時代において、コメニウスの「すべての人への教育」というのは時代を先取する考え方であった。

コメニウス

（2）ロック

ついで、17世紀においてジョン・ロック（1632－1704）の名を挙げることができるだろう。ロックは、王権神授説を否定し、社会契約論、立憲主義を主張した思想家、あるいは、生得観念を否定し、つまり生まれたときは、まったくの白紙の状態（タブラ・ラサ）であり、人間の知識や観念、あるいは道徳性や能力というものは教育によって作られると主張した。その教育思想に関しては『教育に関する考察』（1693）に見いだすことができる。こ

ロック

の著作において、ロックは、ジェントルマン（gentlemen）の教育論を展開する。そこでは家庭教育を重視し、礼儀作法を教え、礼儀正しい有徳の人間、また自らを節制し、思慮分別のある人間を育成することが目指された。一方で、古代ギリシャ・ローマの人文学的な知については批判し、歴史学、法律学といった実学的な学問を教育するべきと説いた。

6. 18世紀の教育思想（ルソー、ペスタロッチ）

18世紀に入り、とりわけ、フランスでは啓蒙思想が全盛を極める。とくに、宗教的な権威を徹底的に批判したヴォルテールや三権分立を唱えたモンテスキュー、『百科全書』を編纂したディドロとダランベールなどが活躍した。彼らはそれぞれの方法によって、新たな国家や社会のあり方を思考し、提言し、その後のアメリカの独立やフランス革命の理論的支柱を準備した。

（1）ルソー

このような時代に活躍した教育思想家として、ジャン＝ジャック・ルソー（1712－1778）がいる。ルソーは、政治、哲学、音楽、文学といった多方面で才能を発揮した。教育論を展開した代表的な書物として、『エミール』（1762）をあげることができる。この大著は、小説の形を借りた教育論であり、ひとりの教師が、エミールという生徒を生まれた時から結婚するまで導くという理想的私教育論が主題となっており、その自然主義的教育論の展開の場となっている。

ルソー

『エミール』の中で、ルソーは「人間の共通の天職は人間である」と述べている。このことが意味するのは、人間は、僧侶や軍人と言った社会的身分や職業が付与される前に、本来、一個の人間であるということである。そして、この「人間」とは彼がいうところの「自然人」である。この自然人は、社会によって歪められていない自然のままの人間、社会や制度そのもの、あるいはそれらによって構成された習性や慣習によって変化させられる以前の自然状態に

生きる人間、「自由なものとして生まれた」存在である。

（2）ペスタロッチ

ルソーの活躍した時代の少し後、彼と同じくスイスに生まれた教育思想家としてペスタロッチ（1746－1827）がいる。ペスタロッチは、ルソーのような単なる理論家としての側面ではなく、教育の実践家であるとされるが、ルソーの自然主義の影響を多分に受けた。

農場経営に失敗した後、貧しい子どもたちや孤児のための教育施設を各地で設立し貧民救済に尽力した。『隠者の夕暮』(1780)、『シュタンツ便り』(1799) といった著作群を記した。彼の教育思想の根本にあるのは、心情、技術、知性の3つを陶冶し、調和的で均衡のとれた人間の育成を目指したことである。また、彼は、事物を言葉による知識の伝授ではなく、実際に見せることによって子どもに教えるという実物主義の観点に立ち、見るという直接的な経験を通して、子どもの認識を発展させていくという教育法を実践した。これはメトーデ（Methode）と呼ばれ、のちのヘルバルトに影響を与え、明治時代に、日本にも導入された。

ペスタロッチ

7．19世紀から20世紀にかけて
（ヘルバルト、フレーベル、モンテッソーリ、デューイ）

19世紀直前、アメリカの独立とフランス革命、そして産業革命が起こった。これらの出来事は、ヨーロッパの旧制度を動かし、19世紀末には、政治制度、社会生活など様々な面で大きく変化させた。とりわけ自由主義や民主主義といった政治的な原理が生まれ、経済においては資本主義が発展していく時代が19世紀なのである。

そして、19世紀末から20世紀にかけて世界は帝国主義へと入っていく。世界中で貿易や交通が発達し、人は移動し、物品が流通し始め、欧米は先進工業国として、経済は独占資本主義の時代へと向かう。また、各国はその勢力を拡大するために、植民地を求め進出した。その後、人類は、歴史上において経験

したこともない二度の世界大戦を迎えることとなる。

(1) ヘルバルト

欧米社会が転換していくなかで、ドイツの哲学者であり教育学者のヘルバルト（1776 – 1841）をあげる必要がある。彼は、1799年ブルクドルフにいたペスタロッチを訪問し、大いなる影響を受け『ペスタロッチの直観のABC』（1802）を著した。その後、ゲッティンゲン大学で『一般教育学』（1806）や『一般実践哲学』（1808）と

ヘルバルト

いった哲学的著作を発刊し、1809年からカントの後継者としてケーニヒスベルク大学で哲学や教育学を教えた。

彼が主張するのは、教育なき教授、つまり専門的な知の伝達ではあってはいけない、また教授なき教育、つまり人間の人格的な側面の陶冶のみの教育を批判し、教育と教授が結合した教育的教授を通して、道徳観が形成され品性が陶冶されること、また知識や技能を習得していくことであった。また彼は従来の単なる教育に関する理論ではなく、科学的な知見に基づく教育学を樹立した最初の教育学者であった。

(2) フレーベル

次いで、ペスタロッチの直系の後継者としてフレーベル（1782 – 1852）があげられる。父を20歳の時に亡くした彼は、測量技師、家庭教師、秘書といった職を転々とした。イエナ大学で数学、物理学などを学んだのち、ペスタロッチの活動を知り、その学園を訪れ、自ら教員になることを決めた。

フレーベル

1816年、ドイツのカイルハウに一般ドイツ教育所を設立し、ペスタロッチのメトーデと自らの理論を組み合わせた教育を実践した。またこの時の実践を踏まえて書かれたのが主著『人間の教育』（1826）であった。

彼は、幼稚園の創始者としての側面が最も有名であり、カイルハウの学園の人数が少なくなってきた際、それまで教育の対象外とみなされてきた幼児、貧民の子どもたちの教育施設を作り、女性を保育者として養成していく計画を実

現していった。その後、1840年一般ドイツ幼稚園（kindergarten）を創設し、幼児期の教育を担ったのであった。また、そこでは、幼児用の教育的遊具として、「恩物」と呼ばれる遊具が創案された。「神から人間への贈り物」という意味をあらわすドイツ語gabeの訳語で、「神が児童に与えた遊具」の意味である。球体や立方体といった形からなるこの遊具により、幼児に神や自然や生命を知らせ、真理に即した教育ができると考えられた。

（3）モンテッソーリ

1870年イタリアに生まれたモンテッソーリ（1870 – 1952）は、ローマ大学の医学部で学び、イタリア初の女性医学博士となった。その後精神病院での治療と研究を経たのと、1907年には、「子供の家」（Casa dei Bambini）を開設。貧困層の3歳から7歳の児童の教育を担当した。この年齢の間は、感覚運動機能を十分に機能させることが、将来の諸能力の発達につながる。また知識の伝達や

モンテッソーリ

道徳観の養成もこの感覚運動機能の教育を行った後に積み重ねれば大いなる効能を引き出すという観点から教育を行った。この方法はのちに、モンテッソーリメソッドと呼ばれ、欧米各地に普及し、日本では特に幼児教育の分野で応用されている。

（4）デューイ

ジョン・デューイ（1859 – 1952）は、アメリカの世界的哲学者として、プラグマティズムの代表的な哲学者として知られる。教育学者としての側面は、いわゆるデューイスクールと呼ばれるシカゴ大学附属小学校を創設し、進歩主義的な教育を実践したことである。主著として『学校と社会』（1899）、や『民主主義と教育』（1916）があげられる。

その思想は児童中心主義であり、旧来の教師や教科書による知の伝達ではなく、実際の生活や経験を通して学習していくものであり、子どもの個性を伸ばしながら、

デューイ

自然に放任することなしに、精神的、社会的な環境を適切な形で提供することが求められるのである。また、教育による社会の改造を説き、教育は今の習慣をそのまま保持するためにあるのではなく、より良い習慣を求めて、そして社会は今の子どもたちが住むそれよりもさらによい社会になるためにある。このような、社会の漸進的(ぜんしんてき)な改造と進歩は、政治という外的な統制ではなく、内的な知性の教育によって実現可能である。つまり、教育が個人を変革し、個人が社会の変革へとつながるという思想である。

とりわけ第二次世界大戦以降、デューイの教育思想は日本の教育に大いなる影響を及ぼした。

8．おわりに

「空間的にも時間的にも遠く離れた西洋の教育思想について学ぶことは何の役にたつのか？」「そういうことを学んで意味があるのか？」という問いが必然的に提起されるだろう。確かに、一見したところ、学ぶことにメリットはないように見える。また、最低限の知識さえ獲得しておけば、十分教員採用試験の問題には答えられ、正解を得ることはできるだろう。しかし、教育思想を学ぶことの意味はそういう点にあるのではない。西洋教育思想には、今日のわれわれの教育の源泉が存在している、そして、その伝統を理解すること、すなわち、西洋教育思想を導きの糸にすることは、今日われわれが直面している教育に関する問題や課題への処方箋を与えてくれるものであろう。これこそが、西洋教育思想を学ぶ意味であり、また醍醐味なのである。西洋の教育思想家がその著書において何を語ったか、実践家が何を実践したのかということを認識すること、これこそが教育という崇高な使命に携わる現代の私たちにとって必要不可欠な行いなのである。

学習課題

（1）古代から現代の西洋の歴史を理解し、歴史的事象について復習をしておこう。

（2）本章に出てきた教育機関名やそれに関わる人物名は整理して覚えておこう。

（3）本章で登場した教育思想家の翻訳作品を手に取って読んでみよう。また彼らが著作の中でどのような教育思想を述べているか、まとめてみよう。

【参考文献】

梅根悟監修『世界教育史体系』講談社　1975

大河内一男『教育学全集』「2教育の思想」小学館　1967

上智大学中世思想研究所編『ルネサンスの教育思想』東洋出版社　1986

廣川洋一『ギリシア人の教育―教養とはなにか』岩波新書　1990

P. アリエス・杉山光信他訳『〈子供〉の誕生』アンシャン・レジーム期の子供と家族生活　みすず書房　2003

P. アリエス、中内俊夫編訳『「教育」の誕生』藤原書店　2003

マルー, H.I・横尾壮英訳『古代教育文化史』岩波書店　1985

第3章

日本の教育制度と教育思想

　日本の教育思想を学ぶ意味は何であろうか。教育思想は人びとの教育について考えた事柄すべてであり、教育のあり方（制度、法令、教育施設、人物とその実践）によって表現される。教育思想は教育のあり方を支える認識や信念、価値判断の集大成である。教育思想では有名な教育者の理論を連想するが、教育思想はそれに留まらず社会制度、法令や公的文書、教育実践も何らかの思想を持って表現しているのである。

　教育思想は教育問題に対する指令（スローガン）の体系と考えることもできる。教育思想の体系は教育実践に対する処方箋を提供しうるものと考えられる。歴史における「教育本質の発展過程」を見て、教育思想は現代の教育に生かすものと考えられよう。

　さて、歴史を遡って、教育思想を知ることは現代の教育実践上、2つの意味がある。1つは「温故知新」（古きを温ねて新しきを知る）である。過去を研究し、現代を解釈・理解することで、現在と未来の行く末を適切に判断できるのである。2つは「創造の自由の獲得」である。私たちは現実の課題に対して、思い込みや偏見から脱することが難しい。歴史は現在とは違う視点や発想があることを教えてくれる。歴史を辿れば、より自由な思考・判断ができるようになる。

　本章では各時代の日本の教育制度と教育思想を概説する。特に、現代の教育制度とその思想の流れを詳しく解説した。各用語を詳しく解説した脚注にも必ず目を通しながら本文を通読しよう。次に、巻末の設問を解いて要点を整理しよう。さらに、本章で学ぶ教育制度や教育者について、関連する資料・文献等を調査して、さらに深く探求してほしい。

1．古代から近世の教育

（1）古代律令社会の教育史

　日本における教育の起源は古代統一国家が作られる時期である。中国や朝鮮半島との盛んな交流がきっかけで漢字文字の伝来が大きな意味を持つ。285年朝鮮半島の百済(くだら)から『論語』と『千字文(せんじもん)』[1]が伝えられた。文字で知識や技術を間接的に伝えることが可能となり、体系的で高度な文化を習得できるようになった。その後6世紀から7世紀に中央集権国家体制が確立され、多数の官僚が必要となるにつれて、彼らを養成する教育施設が誕生する。

　最初の成文化された教育制度は文武朝で整備された大宝律令（701年）の「学令」である。わが国最初の教育規定が見られる。中国の唐の学制にならい、官吏養成機関として、中央に「**大学（大学寮）**」1校[2]、地方の国ごとに「**国学**」1校ずつ[3]、九州を統括する大宰府に「**府学**」[4]が置かれた。大学・国学では儒教（仁を根本とする孔子の教説）が専門に教育された。

　寺院では仏教を専門に教育した。専門的な技術者養成機関では、**典薬寮(てんやくりょう)**[5]、**陰陽寮(おんようりょう)**[6]、**雅樂寮(うたりょう)**[7]などがあった。奈良時代（8世紀頃）では仏教や神道が儒教と同じように支配階層の中に浸透した。大学寮は平安初期に最盛期を迎える。中期以降は次第に衰退し、1177年、大学寮の校舎が大火で焼失し、大学寮制度も消失した。平安時代（9〜12世紀）になると有力な貴族が台頭し同族の子弟の人材養成を目的に大学寮以外に**大学別曹**（寄宿寮・学習室）として私立の教育施設（私塾）が設立されたからである。**家学(かがく)**[9]が起こり、大学寮の教官職が事実上、有力な貴族で世襲(せしゅう)化され、教官の選出が人材主義・学力主義でなくなったことも大学寮消失の大きな要因である。

　771年、仏教に信仰心が篤かった**石上宅嗣(いそのかみのやかつぐ)**は**芸亭(うんてい)**[10]を開設し、漢籍(かんせき)を納め自由に閲覧(えつらん)させた。芸亭は日本最初の公開図書館とされる。空海（弘法大師）は芸亭をモデルにして日本初の私立学校である**綜芸種智院(しゅげいしゅちいん)**（828〜845年）[11]を創設した。他の私塾とは違い、僧俗や貴賤(きせん)を問わず一般民衆の子弟に門戸を解放したのである。平安貴族の中で書籍を重視する学問の動向は後世、学校を作るという中世教育へ繋がることとなる。

（2）中世武家社会の教育史

　鎌倉時代から南北朝時代、室町時代を経て安土・桃山時代までが中世である。この時代は武士階級が権力を掌握した鎌倉幕府や室町幕府の経営で土地所有形態による御恩と奉公が絡んだ主従関係や家柄・血筋の存続を目指す家父長制が重んじられる社会である。武家存続のために伝聞と体験により武家訓戒を子孫に伝える教育を施した。**武家家訓**[12]と呼ばれるものである。

　仏教伝来以来、大寺院は学問所としての機能も果たしてきた[13]。武家政権が確立する中世では、貴族に代わり僧侶が新しい知識の担い手になり、僧侶養成を目的にした寺院学校が全国から学徒を集めた。その中でも有名なのが鎌倉期の**金沢文庫**[14]と室町期の**足利学校**[15]である。足利学校は「坂東の大学」と言われ、1872（明治5）年まで存続した。

　室町時代になると、庶民が海外貿易をするほど商工業が発達し、通信・交際のために読み書きへの需要が高まった。寺院で庶民の子どもを集めた文字教育が急速に普及した。これが近世の寺子屋の起源となった。その教育課程は手習いと読書だった[16]。1400年頃に書かれた『花伝書』（世阿弥元清）において、教育は発達段階を考慮して行うことの必要性が説かれている。この時代に教育を受ける者の立場を考慮した指導法を指摘している点は画期的である。

　安土桃山時代では、16世紀中頃に、フランシスコザビエルなどスペインやポルトガルの宣教師が来日し、大分や長崎の教会に**キリシタン学校**[17]が併設された。約200校に達したと言われている。キリシタン信者が増加すると、有馬（現在の長崎県）や安土（現在の滋賀県）に**セミナリオ（seminario，神学校）**[18]というイエズス会の教育機関が設立された。キリシタン大名、大友宗麟（義鎮）の庇護で豊後府内（現在の大分県）には**コレジオ（collegio，宣教師の養成機関）**[19]が作られた。キリスト教を擁護した織田信長が亡くなると、キリシタン学校は豊臣秀吉や徳川家康のキリシタン弾圧によって有馬（現在の長崎県）を最後に1614年廃止された。キリシタン学校の教育は明治以降に西欧の教育システムを模倣した、近代教育の先駆けと評価でき、近代教育の原点と言えるかもしれない。

（3）近世幕藩体制の教育史

　江戸時代は徳川氏の幕藩体制を基本とする比較的安定した封建的身分制社会である。教育も身分関係に応じた形で展開された。当時の教育施設は以下の5つに大別できる。1）幕府による官学、2）諸藩による藩校、3）藩や私人による郷学（郷校）、4）儒者等による私塾（家塾）、5）浪人、僧侶、町人等による寺子屋である。

1）官学

　官学の代表は昌平坂学問所（**昌平黌**（しょうへいこう）[20]）である。1690年湯島の昌平坂に移転後、公的施設の性格を強め、18世紀末、江戸幕府が朱子学以外の学問を禁じた「寛政異学の禁」[21] 以降、1797年に幕府直轄の教育施設になった。7〜8歳以上の幕臣（旗本・御家人）の子弟や後には各藩の秀才も教育され、各藩の藩校の教官も養成する最高学府としての地位を築いた。江戸後期には**藩（蛮）所調書**（ばんしょしらべしょ）[22] や医学所も設けられた。昌平坂学問所では、まず、**素読所**[23] で素読を習い、毎月、**復習所**[24] に出向き、学習成果を確認した。素読の課程修了後、**初学所**[25] で上級の内容を学んだ。

2）藩学

　全国の諸藩では藩士の教育のため、**藩校（藩学校）**[26] が幕末までにはほとんどすべての藩に設置された[27]。江戸初期の藩校の教育目的は儒教中心の学問奨励だったが、中期以降は各藩の財政改革の一環として創立された。財政難を変革できる有能な人材育成と藩士の士気を鼓舞し、統制と団結を図ることも大きな目的になった。多くの藩校では藩士子弟の就学義務を定めて、6〜8歳で入学させ14〜20歳くらいで卒業させた。学習内容は四書五経の素読と習字、江戸後期になると国学、算術、洋学、医学、武術も教授するようになり、約半数の藩校が庶民にも門戸を開くようになった。1871（明治4）年、廃藩置県により藩校は廃止されたが、1872年「学制」発布後、旧藩校は中学・高等諸学校の直接又は間接の母体となった。

3）郷学（郷学校）

　城下町以外で藩校に準ずる教育施設である。藩士教育と庶民教育[28]、その両者を受け入れる3種類の学校があった。藩は領民の教化だけでなく、広く有能な人材を集めるため郷学を開設した。武士を対象とした郷学は領内各地に点在する藩士子弟のための学校であり、小規模な藩校と言える。明治期、「学制」に基づく公立小学校の重要な母体となった。

4）私塾（家塾）

　江戸後期には私塾と呼ばれる教育施設が多く生まれた。一定の読み書き能力を備えた学生が塾主の学問や人格を慕って入学する自由な学校である。現在の中等教育機関に相当する。全国で1,500に及んだと言われている。6～7歳から19～20歳まで学んだものが多かった。藩校が官許の学問を超えられないのに対して、私塾は自由に新しい学問を求めた。私塾は地域と身分を超えて、学ぶ意欲のあるすべての学生に開放されていた。漢学塾、国学塾、洋学塾の3種類が代表的なものである。

①　漢学塾

　江戸中期の『藤樹書院』（中江藤樹）、『護園塾』（荻生徂徠）、『古義堂』（伊藤仁斎）[29]、江戸後期から幕末には、『松下村塾』（吉田松陰）[30] が有名である。貝原益軒[31] の教育書『和俗童子訓』は年齢に応じた教育の必要性を説き、男女別の教育課程も記され、親の過保護を厳しくいさめたもので、当時の教育書としてベストセラーになった。『咸宜園』（広瀬淡窓）[32] では門弟が多く、個別指導が難しく、一斉指導の方式をとった。

> 「故に余が人を教うるは先ず治めて生かして後、これを教うるなり」（まず、教育には学習できる環境を整えるための学級経営や生徒指導が必要である意）

　このような考えは個別指導が中心の当時において、一斉指導等の集団指導の新規性は近代教育の先駆けと言えよう。

②　国学塾

　日本の古典の研究が進み、国学の四大聖人の一人、賀茂真淵の教えを継承した本居宣長は伊勢松坂に『鈴屋』、弟子の平田篤胤は江戸に『気吹舎』を開設

した。平田の教えは幕末の尊王攘夷運動に多大な影響を与え、明治初期の教学政策にも重要な役割を果たした。

③　洋学塾

幕末期、欧米諸国から到来した学問を広く学ぶ洋学塾も発展した。1824年、オランダ商館医師、シーボルトが長崎郊外に起こした『鳴滝塾』では、西洋医学や科学一般を教授し、門下生には高野長英を輩出した。1839年、**緒方洪庵**は大阪に蘭学を教授する『適塾』を開設した。適塾でも門下生が多く、咸宜園と同様に一斉指導と成績の序列化で、精力的に競争させた。門下生には福沢諭吉、橋本左内、大村益次郎を輩出している。

5）寺子屋

江戸時代、庶民の初等教育機関に相当するのは**寺子屋**である。江戸中期以降、全国各地[33]に広く普及した。寺子屋の拡大は明治時代の急速な小学校普及の要因になった。寺子屋が急増した理由は2つある。1つは庶民の室町後期から見られた自発的な学習意欲の高まりである。庶民の子弟が入学する寺院教育の世俗化や庶民の経済活動が活発化し、物々交換主体の自然経済から貨幣に移行した背景がある。町人にも読み書き計算能力の必要性が高まり、農民も生産力を向上させるため、農業技術書を理解し村外の人びととの交流する必要性に迫られ、学力を獲得する素地が整ったためである。

2つは支配階級の幕府や藩はお触書を通して、弛緩してきた封建体制を回復・維持しようとした。庶民にお触書を読み書きできるように学習を奨励した。1722年、八代将軍徳川吉宗による幕府の寺子屋奨励政策も大きな要因となった。

寺子屋の指導者は**師匠**と呼ばれ、僧侶、武士、神官、医師、庶民、女性など多様であった。寺子（筆子）は5、6歳で入学し、3年から7年通うのが一般的であった。寺子（筆子）は中層以上の庶民の子弟で年齢の違う20～40人が同時に学び、女児も見られた。多くの女児は家庭で教育を受けていた。教育内容は「手習」（習字）中心の生活に必要な実学教育中心であり、基礎的な読み書き算術も学んだ。教科書は「往来物」と呼ばれ、『**庭訓往来**』[34]『**実語教**』[35]『**百姓往来**』[36]『**商売往来**』[37]『**女大学**』[38]等が使用された。

最後に、庶民に影響を与えた2人の教育思想家を紹介する。石田梅岩[39]（いしだばいがん）は商人の生き方や商道徳を説き、庶民の啓発に努めた。また、二宮尊徳[40]（にのみやそんとく）は農民に勤勉と倹約を説き、江戸後期に幕臣として農業改革を推進した。

2．近代前期（明治期）の教育

1867年大政奉還により、徳川幕藩体制が終了し、天皇中心の中央集権国家である明治政府が発足した。明治初期には欧米の思想、制度、生活様式等の文明開化の風潮の中で様々な教育改革により、日本の近代化が進んだ。

（1）「学事奨励に関する被仰出書（おおせいだされしょ）」と「学制」

1871（明治4）年全国の教育行政を統括する文部省が設置された。同年、太政官布告214号「学事奨励に関する被仰出書（おおせいだされしょ）」が公布され教育改革の大方針が4つ示された。第1は国民皆学、すべての臣民は学ぶ必要があるとされた。第2は学ぶ目的を個人の立身治産とした。学問は身を立てる財本であるとし、個人主義的教育観が見られた。第3は実学主義、読み書き中心に法律、政治、天文、医療など人間生活の必要な知識・技術の内容の習得を目指した。第4に教育費は受益者が負担するとした。

1972（明治5）年8月3日には「学制」が発布された。学校制度の基本構造はフランスの教育制度をモデルにした3段階の単線型学校体系にした。教育思想はアメリカから輸入した功利主義、実利主義、自然主義が説かれ、教科書はすべてアメリカの翻訳本が使用された。全国を8大学区（翌年7大学区に改正）に分け、大学区を32中学区、1中学区を210小学区に分けた[41]。各学区それぞれに、大学校、中学校、小学校を1校ずつ設立させる壮大な計画である。小学校は皆学で就学期間は満6歳から14歳までとした。小学校は下等小学4年（8等級）、上等小学4年（8等級）の8年制であった。中学校は14歳で入学し下等中学3年、上等中学3年の6年制、普通の学科を教える中学校の他、工業・商業・農業・通弁（外国語）・諸民（夜間の補習）学校もこの中に含まれるとされた。さらに、専門学校、外国語学校、師範学校の設立も規定された。大学校は「高尚の諸学」を授ける専門教育の学校とされた。理学、法学、医学の4

学科を置いたが、年限は不定だった。

　各府県では小学校の設立と就学が奨励され、1880年には25,000校以上が設立されたが、就学率は伸びず、1年以内に80%は退学する実態であった。教育方法は欧米の大衆教育にならい、一斉授業方式が普及した。そのために各教室に、机、椅子、黒板、掛図が用意された。進級時は厳格な試験が実施され、等級制[42]の考え方が基本にあった。就学科目は習字、綴字、読本、算術、地理、物理、口授（国体、修身、養生）などであった。

（2）教育令（自由教育令）・改正教育令

　1879（明治12）年、学制が廃止されて、アメリカの自由主義思想に基づく「**教育令（自由教育令）**」が公布された。学制のような画一的、強制的な中央集権体制を変更した。学区制を廃止し、就学義務の年限も最低4年など、就学既定の弾力化等の規制緩和を行い、教育の権限を大幅に地方に与えた。地方の実情に合った制度にしようとしたが、この自由教育令は当時の社会から自由放任の教育改革と誤解され、就学率低下や校舎建設中断等、小学教育の停滞を招いた。

　明治政府は国家の教育機能の低下を憂慮し、1年3か月で自由教育令を廃止し、1880（明治13）年初等教育に対する国家統制を強めた「**改正教育令**」を発布した。アメリカ追随の教育からイギリス、ドイツの教育を参考にし、スペンサー、ペスタロッチーの教育思想が輸入された。

　主な内容は以下である。学校の設置は府知事・県令の指示に従うこと。就学年齢について、小学校は3年以上8年以下に強化され、初等科3年の課程を終わるまで16週以上を就学義務とした。教則は文部省が定めた綱領で府知事・県令が定める。「修身」が各学科目の最上位に置かれ、徳育が重視された。小学校への補助金は廃止された。この改正教育令により政府の学校統制、地方教育行政への指導が強化されたのである。

　政府は1881（明治14）年5月「小学校教則綱領」を定めて、6月に「小学校教員心得」を通達した。国家教育における教員の責務や道徳教育を重視し政治活動に参加しないことが命じられた。

（3）4つの学校令

1885（明治18）年、伊藤博文内閣が発足し、初代文部大臣に森有礼が就任した。教育こそ「国家富強の基本」と位置づけ、強力な国家主義的教育政策を推進した。

翌年の1886（明治19）年、教育令に代わり「帝国大学令」「師範学校令」「中学校令」「小学校令」、4つの「学校令」を制定した。この学校令により近代的な学校体系の基礎が確立した。

「帝国大学令」は大学の目的を「帝国大学ハ国家ノ須要ニ応スル学術技芸ヲ教授シ及其蘊奥ヲ攻究スル」とした。大学における教育と研究はこのためであると規定した。当初、東京帝国大学1校だけだった。

「師範学校令」は教員養成を目的にした学校である。その目的を「師範学校ハ教員トナルヘキモノヲ養成スル所トス但シ生徒ヲシテ順良信愛威重ノ気質ヲ備ヘシムルコトニ注目スヘキモノトス」と規定した。師範学校は尋常、高等の2種類が設置された。尋常師範学校は小学校教員の養成を目的に、高等小学校卒業後、入学し、各府県に1校、経費は地方税で運営された。高等師範学校は当初は東京に1校であった。中学校の教員養成が目的で、中学校卒業後、入学し、経費は国庫支出とした。教員の気質として、「順良」「信愛」「威重」の3つの基準が重視された。「順良」とは目上の人には素直に従うこと、「信愛」は教師同士が仲良く信頼し合うこと、「威重」は威厳を持って児童生徒に接することであった。教育課程は実践的な内容や教授技法中心に指導され、画一的で閉鎖的な教員養成であった。

「中学校令」は男子のみの学校で、尋常中学校と高等中学校の2段階の制度を規定した。その目的を「実業ニ就カント欲シ又ハ高等ノ学校ニ入ラントスルモノニ須要ナル教育ヲ為す」と規定した。尋常中学校は5年制、普通科、農業科、工業化、商業科等の学科があった。高等中学校は2年制、全国を5区に分け、区ごとに1校開校した。尋常中学卒業生が入学できた。中学教育の目的は就職に必要な実学や進学に必要な学力を習得させることであった。

「小学校令」は初等教育制度を規定した。尋常と高等の2段階で修業年限をそれぞれ4か年、8年制であった。法令上初めて尋常科の4か年を義務教育とし、父母、後見人にその子弟を就学させる義務を課した。尋常小学校の学級

定員は80名以下、高等小学校は60名以下とした。小学校の財源は原則、父母の支払う授業料や寄付金を主要財源とした。不足する資金は市町村の地方税で補充した。

（4）教育の国家統制・国家主義化と義務教育制度の発展

1890（明治23）年、国体主義に基づく天皇制教育の理念を示し、臣民教化の根本とされた「教育勅語」43)が発布された。教育勅語は天皇の慈しみの政治と臣民の忠誠で成り立つ「国体」を教育の根本とし、忠君の儒教道徳を基本に近代的倫理を加えた国民道徳のあり方を示した。教育勅語は天皇の「御真影」とともに各小学校に配布され、天皇制国家教育の支柱とされ、この思想は「修身」の教科書にその内容が示された。

また、市町村制や府県制・郡制の地方自治制度の確立に対応して、同年、「第二次小学校令」が改訂・公布された。第二次小学校令は教育勅語の趣旨に沿って改訂された。「道徳教育、国民教育、知識技能の伝授」という3つの小学校教育の目的が規定された。以後、1941（昭和16）年の国民学校令までの50年間変更されず、基本方針として定着した。尋常小学校は3〜4年、高等小学校は2年、3か年又は4年の3種とし、義務教育は3年とした。また、市町村は学齢児童を就学させるため、尋常小学校の設置義務も明確化した。国、府県知事、校長の役割を明確化し、各小学校に政府の管理が行き届くようになった。1891（明治24）年、いくつかの小学校令施行規則も公布された。学校儀式の定例化、学校行事（遠足や運動会等）や4月入学の仕組みも整った。

1900（明治33）年、澤柳政太郎（文部省学務局長）、野尻精一（文部省視学官）らにより、「第三次小学校令」が根本的に改訂・公布された。第三次小学校令では小学校4年間の義務制と無償性（市町村が負担）実施され、児童の学齢簿も全国統一様式にした。日本の公教育が制度的に確立した。これにより就学率は飛躍的に上昇した。1903（明治36）年には教科書が国定化され、1907（明治40）年には尋常小学校が6年制の義務教育に改正され、翌年から実施された。この頃には小学校就学率もほぼ100％になり、実質的な小学校の義務教育が完成した。

（5）明治後期の中等教育・高等教育制度の確立

小学校以後の中等・高等教育はどのように制度的発展を遂げたのか、主な5つの学校種別に分けて概説する。

1）中等教育機関

1899（明治32）年、「中学校令」が改正され、第1条で「中学校ハ男子ニ須要ナル高等普通教育ヲナス」として、尋常中学を「中学」と改称し、従来の1県1校主義も改め、修業年限は5年と確定し、入学資格は12歳以上の男子で高等小学校2年課程を修了した者とした。

1895（明治28）年、「**高等女学校令**」が規定され、第1条で「高等女学校ハ女子ノ須要ナル高等普通教育ヲナス」とし、修業年限は4か年、入学資格は12歳以上の女子で高等小学校2年課程を修了した者とした。1910（明治43）年の改正では独立の実科女学校を置くことも認めた。

高等中学校は1886（明治19）年の「中学校令」により主要都市に7校が設置された。1894（明治27）年、「**高等学校令**」が規定され、高等中学校は「高等学校」と改称し、「高等学校ハ専門学科ヲ教授スル所トス、但帝国大学ニ入学スルタメ予科ヲ設ケル」とした。後に高等学校は専門学科よりほとんどが帝国大学の登竜門として大学予科の学校になり、以下のような大学予科のナンバースクールという黄金時代を迎える。東京（一高）、仙台（二高）、京都（三高）、金沢（四高）、熊本（五高）、岡山（六高）、鹿児島（七高）、名古屋（八高）。

山口高等学校は商業高等学校として専門学科を置いた。

2）高等教育機関

1886（明治19）年の「帝国大学令」により設置されたのは東京帝国大学1校のみであったが、その後大学教育も充実、拡大された。1897（明治30）年には「**京都帝国大学**」が設置、最終的には全国主要都市に7帝大（北海道、東北、東京、名古屋、京都、大阪、九州）に拡大した。帝国大学は大学院と分科大学（法科、医科、工科、文科、理科）で構成された。大学における教育と研究は最高学府として、国家の求めに応ずる役割を果たした。

1903（明治36）年に「**専門学校令**」[44]が公布された。「高等ノ学術技芸ヲ

教授スル学校ハ専門学校トス」とその目的が提示され、「専門学校」が誕生した。入学資格は旧制中学校および高等女学校の卒業生とした。修業年限は3か年以上と規定した。当時、文部大臣の許可を得た専門学校は官立では東京美術学校、東京音楽学校、私立では慶応義塾、早稲田、明治、法政、同志社、東京法学院（後の中央大学）、津田英学塾等45校あり、過半数の27校が私立であった。

　高等師範学校は1886（明治19）年設立の「東京高等師範学校」1校のみだったが、高等女学校の教員養成が急務となり、東京師範学校女子師範学科が独立して1890（明治23）年、「**女子高等師範学校**」が創設された。高等女学校卒業を入学資格とした。当時の女子教育における名実ともに最高学府となった。

　中等教育の拡大によって教員の需要が増大した結果、東京以外の地方に1902（明治35）年に「**広島高等師範学校**」、1908（明治41）年に「**奈良女子高等師範学校**」が創設された。同年、「女子高等師範学校」は「**東京女子高等師範学校**」と改称した。

3．近代後期（大正・昭和初期）の教育

（1）大正期の教育

　日清・日露の2つの戦争を経て日本の資本主義体制は発展を背景に国内では民主主義や社会主義運動、労働運動も盛んになった。第一次世界大戦前後の大正デモクラシーという普通選挙運動の高揚は教育勅語を支柱とする教育体制に動揺を与えた。

1）臨時教育会議と高等教育制度の拡充

　1917（大正6）年、内閣総理大臣の教育政策の諮問機関『臨時教育会議』が設置された。会議の背景には社会運動への対応、中等・高等教育の量的拡大等があった。明治以降の近代学校教育制度を総括し、国際環境の変化に対応できる学校の改編と整備を審議したのである。教育制度全般にわたる国民道徳の徹底と国体観念の振興が答申され、教育内容の国家主義化が一層進んだ。以後、小学校をはじめとする学校教育の目的条項に「国民道徳の充実」「国体観念の強化」「国家思想の涵養」「忠君愛国思想の涵養」等の項目が追加されたのであ

る。さらに、高等学校や大学の高等教育制度の改革が答申された。1918（大正7）年第二次「高等学校令」が公布された。官立以外に公立、私立の設置[45]が認可された。高等学校の目的は高等普通教育と国民道徳の充実とした。修業年限は尋常科4年と高等科3年の7年制を原則とし、3年制の単独設置も認められた。高等学校は事実上、ほとんどが3年制で帝国大学予科として学科編成が行われた。課程は文科と理科に分けた。中学校4年修了程度で受験ができたが入学試験は厳しく合格は難しかった。入学後は帝国大学への入学は比較的容易だったため、学生寮の交流が人格形成の場として役だったとされる。旧制高等学校は少数の選抜された生徒に帝国大学進学の道を保証し、社会の指導者になる道を開くエリート校であった。

　1918（大正7）年、「大学令」も「臨時教育会議」の答申で改正された。これまでの帝国大学に加え、公立・私立の大学が認可された。制度上、以前に専門学校だったものが大学になり、飛躍的に大学が45校[46]に急増した。

　師範学校の改革答申に沿って、1925（大正14）年には「師範学校規定」は修行年限を4年から5年制に改定、高等小学校2年卒業者も入学可能にした。小学校教員の資質向上のため、修業年限1年の専攻科も設置された。1919（大正8)年に答申の高等教育機関拡張計画が認可され、1921（大正10）年、文部省の教育審議会で「東京、広島ニ文理科ヲ内容トスル単科大学ヲ設置スル」と決定し、高度の教員養成をする大学が認められた。関東大震災の混乱で延期されたが、1929（昭和4）年に東京文理科大学（現、筑波大学）、広島文理科大学（現、広島大学）が開学した。両大学とも高等師範学校は付属機関として存続した。

2）大正新教育運動（大正自由教育運動）

　日本の新教育運動は第一次世界大戦後の開放的な自由主義、民主主義の思想を背景に、また、19世紀末から20世紀初頭にかけて欧米中心の世界的な新教育運動の潮流の中で起こった。19世紀までの教師中心の注入主義の教育を旧教育と呼び、従来の画一的な詰め込み主義の公教育を批判した。子どもの興味・関心や自主性を重視し、個性・創造性を尊重する「児童中心主義」の新教育運動では、多様な教育実践が挑戦された。新教育の実践は大都市の私立学校（中村春二の成蹊実務学校、澤柳政太郎[47]の成城学園（ドルトンプランの導入）、

羽仁もと子の自由学園、野口援太郎の池袋児童の村小学校、赤井米吉の明星学園、小原國芳の玉川学園等）や師範学校付属小学校（木下竹次：奈良女子師範の合科学習、手塚岸衛：千葉師範の自由教育[48]、及川平治：明石女子師範の分団式動的教育等）、を拠点に挑戦されたが、一般の学校にも少なからず影響した。新教育の実践学校は234校を数えたという。

　新教育運動に対する関心が全国的に高まり、1921（大正10）年8月東京で開催されたのが「八代教育主張講演会」[49]であった。この講演会では新しい教育の試みを8人の論者が主張した。中には欧米の教育理論・実践の紹介や導入を中心としたものもあり、都市部での流行に留まったものもあった。また、当時の文学者・芸術家の北原白秋らは芸術教育運動に貢献した。特に、鈴木三重吉らは児童文学雑誌「赤い鳥」を創刊して綴り方や自由画の指導を重視した。

　国家主義的教育観が強化された公教育学校では文部省の監督が次第に厳しくなり、日本の新教育は昭和初期の軍国主義教育の中で衰退していったが、小原國芳創設の玉川学園は、昭和初期、戦後から現代まで脈々と全人教育を実践してきた。

（2）昭和初期の教育

　昭和に入ると戦時体制が強化され、教育も軍国主義の様相が色濃くなった。第一次世界大戦後の不況や関東大震災の打撃もあり、日本経済は金融恐慌に見舞われた。さらに、1929（昭和4）年の世界恐慌の影響で日本も深刻な経済不況になり、打開策として大陸への侵略を強めた。5・15事件や2・26事件により軍部が台頭し日本もファシズム化し、1931（昭和6）年の満州事変、1937（昭和12）年の日中戦争後は戦時体制に突入した。

　昭和初期の教育は戦時体制と連動しながら展開された。教育刷新評議会では国体観念、日本精神を根本として学問・教育を刷新する答申が出され、国家主義的な教育改革が断行された。

1）民間教育運動の展開

　大正新教育に影響された「郷土教育運動」「生活綴方運動」は戦時色が強まる中でも昭和初期に展開された。経済恐慌の農村疲弊状況で農村の更生を目指

す郷土教育が導入された。郷土教育には2つの動きがあった。1つは郷土愛を高め、愛国心に繋げようとする文部省の推進、2つは郷土の自然や文化研究を通して農業と農村の向上を図り、郷土愛を高める「郷土教育運動」である。長田新、赤井米吉らは「郷土教育連盟」を結成し、振興を図った。

芦田恵之助（あしだえのすけ）が先駆者である「綴方教育運動」は、小砂丘忠義（ささおかただよし）、野村芳兵衛（のむらよしべえ）により1929（昭和4）年「綴方生活（つづりかた）」が刊行された。生活綴方とは日々の生活を自分自身の言葉で文章に綴ることで自らの生活を見つめなおし、作文をもとに、学級で討議し合うことで子どもの主体的な生き方を考えようとする教育実践である。各地の教師の実践活動50)を促した。この頃、秋田で北方教育社が設立され、成田忠久が主幹となり1930（昭和5）年「北方教育」が刊行された。東北地方の綴方教師たちにより生活に根差す教育を目指したのが「北方性教育運動」である。

2）戦時体制下における諸学校の改革

1937（昭和12）年設置の内閣直属の「教育審議会」では戦争遂行に必要な教育制度の改革を審議した。同年文部省は『国体の本義』を刊行し、個人の発展完成のみを目的にする考えを否定し極端な国家至上主義の立場を説いた。1941（昭和16）年発行の『臣民の道』では忠孝の道徳が天皇への忠誠心のみの考え方が説かれるようになった。「皇国の道による国民の錬成」という教育理念がすべての学校に通達された。

1935（昭和10）年、「青年学校令」が制定され、勤労青少年の職業教育機関の実業補習学校と青年男子の軍事訓練を行う青年訓練所を合わせた青年学校が発足した51)。青年学校は小学校卒業の青年に職業教育、普通教育、軍事教育を施した。

1941（昭和16）年3月公布、4月実施の「国民学校令」が制定された。従来の小学校は国民学校と改称され、国民学校は「皇国民」の「基本的錬成」をなすものとされた。ここでは戦争に役立つ教育が重視され、心身の鍛錬や団体訓練比重が高かった。国民学校では初等科6年と高等科2年の8年制義務教育制度に改定されたが、この後、戦争の激化に伴い無期延期になり、実施されなかった。

1943（昭和18）年、「中等学校令」が制定され、中学校、高等女学校、実業学校は統合されて、中等学校に一元化された。三種の修業年限は原則4年に短縮された。「皇国の道に沿って……国民の錬成を行うこと」を目的にした。また、『高等学校令』も改定され、国民学校から大学に至るまで、「皇国民の錬成」という原則が貫徹され、超国家主義の教育体制が確立した。

1943（昭和18）年頃から大都市の国民学校では空襲を避けるため、学童疎開が実施され、児童は地方に移住した。

1944（昭和19）年3月閣議決定の「決戦非常措置要綱」に基づき、「学徒動員令」と「女子挺身隊令」を公布した。国民学校初等科以外の授業は停止され、中等学校以上の学校では勤労動員で学生生徒が工場で年間を通して働かされた。また、大学男子の学徒動員が開始され、学校は機能不全になった。

4．現代の教育

1945（昭和20）年8月14日、日本はポツダム宣言を受諾し、15日に連合国に無条件降伏をし、第二次世界大戦が終結した。この敗戦で戦前のすべての政治、経済、文化が崩壊し、連合国総司令部（GHQ）の占領政策が始まり、様々な復興改革が断行された。1946（昭和21）年日11月3日、「日本国憲法」が制定され、平和主義（戦争放棄）、国民主権、基本的人権の尊重を核に、第26条では国民の「教育を受ける権利」明示された。**GHQ（連合国軍最高司令官総司令部）**は教育政策の大改革を断行した。戦後教育と柱となる以下の3法が制定された。①1947（昭和22）年に平和主義・民主主義を基本理念とする「教育基本法」、②新しい学校体系を定めた「学校教育法」、③1948（昭和23）年にアメリカの地方教育行政をモデルにした教育行政法の「教育委員会法」である。

（1）GHQの教育改革

1945（昭和20）年GHQは戦前の軍国主義・超国家主義的教育を一掃し、民主的・文化的な国家建設を目指し、教育制度を改変した。同年9月15日文部省は「新日本建設ノ教育ノ方針」を発表し、国体護持、平和国家建設、科学的思考力を強調した。10月GHQは「日本教育政策に関する管理政策」を発表し、軍

国主義・超国家主義的教育の禁止、軍国主義に加担した教育者の審査（追放）を指令した。具体的には、神道教育の排除や修身・日本歴史および地理の3教科を授業停止にした。文部省は軍国主義・超国家主義に係わる教科書の回収や**黒塗り教科書**[52] 使用を実施する措置をとった。『教育勅語』は1948（昭和23）年6月「教育勅語等排除に関する国会決議」で実質的な効力が消滅した。

　このように戦前の軍国主義・超国家主義的教育を打破するだけでなく、民主主義の普及と平和主義の確立のための教育改革も模索された。GHQの主要部局のCIE:Civil Information and Education Section（民間情報教育局）は1946（昭和21）年3月「米国教育使節団報告書」[53] をまとめさせ、GHQ最高司令長官マッカーサー（MacArthur. D）に新たな提言をした。報告書の勧告内容は以下の8つである。①6・3・3・4制の単線型学校体系、②教科書国定性の廃止、③自由なカリキュラムの編成、④国語の簡易化、⑤ローマ字の採用、⑥男女共学、⑦教員養成制度の改革、⑧高等教育機関の増設。米国教育使節団に協力するため、日本側にも「日本教育家ノ委員会」が組織された。1946（昭和21）年5月、文部省は新しい教育理念（平和的文化国家の建設や教育者の使命等）を「新教育指針」で公表し、全国の教師や師範生徒に戦後教育の手引書として第1刷を配布した。同年8月「日本教育家ノ委員会」は「**教育刷新委員会**」[54] として発展的解消がなされた。1946（昭和21）年12月第1回建議では以下の4つが建策された。①教育の理念および教育基本法、②6・3・3・4の学制、③私立学校、④教育行政である。

　「教育刷新委員会」は21の特別委員会で構成され、1951（昭和26）年12月まで精力的に審議を行い、35回建議した。1949（昭和24）6月に『教育刷新審議会』と改称、「民主教育の完全な実施と広く国民文化の向上を図るため中央教育審議会を置く必要がある」と建議して任務を完了した。1952（昭和27）からは『中央教育審議会』に発展的に引き継がれた。

（2）戦後の新教育制度
　以下、2つの法律により、真に近代的な学校制度が確立された。
小学校・新制中学校：1947（昭和22）年4月発足
新制高等学校：1948（昭和23）年4月発足

新制大学：1949（昭和24）年4月発足（国立70、公立17、私立81）
新制短期大学：1950（昭和25）年4月発足
大学院修士課程（2年）：1952（昭和27）年4月発足
大学院博士課程（3年）：1954（昭和29）年4月発足

1）教育基本法の公布

1947（昭和22）年3月31日、全文と11条で構成された「**教育基本法**」が「**日本国憲法**」の理念のもと成立した。前文では「**個人の尊厳**を重んじ、真理と平和を希求する人間の育成を期するとともに、普遍的にしてしかも個性豊かな文化の創造をめざす教育を普及徹底しなければならない」と基本法制定の趣旨を述べている。第1条では「教育の目的」を掲げ、「教育は**人格の完成**をめざし、平和的な国家及び社会の形成者として、真理と正義を愛し、個人の価値を尊び、勤労と責任を重んじ、自主的精神に満ちた心身ともに健康な国民の育成を期して行わなければならない」とした[55]。以後、教育の方針・機会均等、公教育の中立性、9年制義務教育、男女共学などを規定している。

2）学校教育法の公布

「教育基本法」公布の同日、戦後学校教育の基本となる「**学校教育法**」が成立し、公布された。学校教育法は教育基本法の原則に基づき学校教育全般の基本的事項を規定したものである。1条校（第1条に定められた学校）中心に学校種別ごとに設置者、目的・目標、修業年限、教科、教科書、教材、就学義務、職員・経費負担、教職員の配置・資格、子どもの懲戒と体罰禁止等について具体的に定めている。この法律の特徴は以下である。①6・3・3・4制の単線型制度、②義務教育9年制（3年生の中学校新設）、③男女共学、④教育の機会均等策（高等学校と大学に定時制、通信教育課程）、⑤心身障害者の学校（盲・聾・養護学校）の規定と就学義務制の確立、⑥幼稚園が学校と規定された。

（3）戦後の教育改革

1）戦後教育の再建：経験主義教育

1947（昭和22）年「学習指導要領・一般編（試案）」では従来の画一的教育を反省し「こんどはむしろ下のほうからみんなの力で、いろいろとつくりあげていく」という方針を示していた。教師の主体的な研究活動が重視され、自由な経験主義教育が行われた。

敗戦後、教育の民主化を代表する教科として「社会科」「家庭科」が置かれた。社会科ではアメリカの**経験主義的な問題解決学習**が導入され、カリキュラム改造を中心とした教育運動が展開された。代表的なものにコアカリキュラムがあり、多くの実践モデル（明石プラン、川口プラン等）が発表された。家庭科は男女とも学ぶ教科とされた。子どもの個性や能力に応じた学習の場として「自由研究」も新設された。

2）占領下の教育政策の見直し（1950〜1958）

戦後の混乱もしだいに治まり食糧事情も安定してきた新しい民主教育の中で育ち始めた子どもの言行（行儀悪さ、言葉遣いの乱れ等）が問題化された。「道徳やしつけが足りない」など戦後新教育への批判も出てきた。1950（昭和25）年、第二次米国使節団報告書では「国民に対して円満な発達に肝要な道徳的及び精神的な支柱を与えることは出来なかった」と今後の課題を示した。教育課程審議会は以上の報告をもとに全面主義道徳と呼ばれる全教育課程を通して行う見解を答申した。①戦前の修身科に類似した単独の教科は新設しない、②道徳教育は社会科を中心に学校教育全体で行う、③教師の道徳的見識を高める。（「道徳教育振興に関する答申」）

1951（昭和21）年、学習指導要領が改訂され、小学校の自由研究が「特別教育活動」、中学校では独立教科の「書道」「国史」が国語、社会に組み込まれ、教科の統合がなされた。高等学校は「国民に共通な教養」が重視され、「学制、総合性、男女共学」の高校三原則が示された。1952（昭和27）年の講和独立後は国や文部省の権限が強化され、戦後教育改革の行き過ぎが是正された。この頃、朝鮮戦争がきっかけで経済成長が始まり、労働力育成が学校の課題となると、経験主義教育による基礎学力の低下が批判されるようになる。

3）教育の量的拡大：系統主義カリキュラム（1959〜1969）

1958（昭和33）年の学習指導要領改訂では体系的な知識の教授を重視する**系統主義**へ移行した。基礎学力および道徳教育の充実が主眼の改訂であった。この改訂から学習指導要領が法令と一体化され、「法的拘束力」を持つ「告示」とされた。

具体的には小中学校で特設「道徳」設置（毎学年毎週1時間以上、学級担任が指導）、選択教科の増加、中学校で「技術・家庭科」が新設された。高等学校では「科目コース制」を導入した。「倫理社会」が必修科目として、新設された。高校でも道徳教育の充実が求められたためであった。

1962（昭和37）年、文部省は『教育白書——日本の成長と教育』を発表し、教育投資の観点に立つ教育計画論を展開した。産業に役立つ教育、人づくり政策が提唱された。教育水準の高度化、学校教育の量的拡大は産業界の要望する労働力の育成であった。文部省はベビーブーム世代の高校進学に対応するため、高校の定時制・通信制の拡大、工業・商業科など高等学校の職業教育を多様化した。大学における理・工学部増設を実施した。また、経済・産業・科学の発達に伴う中堅技術者の不足を補完する目的で、国立の高等専門学校を各都道府県に新設した。

4）教育の質の改善：高度な現代化カリキュラムとその弊害（1970〜1979）

後期中等教育（高校）と高等教育の量的拡大は激しい学歴獲得競争を招き、高校、中学、小学校も**偏差値偏重の受験教育**[56]が大きな問題になった。現実には「詰め込み教育」「受験至上主義」が批判され、塾や予備校が急成長した。1968（昭和43）年、高度成長の最終年に実施された学習指導要領改訂のスローガンは「教育内容の現代化」である。現代科学の高度な内容を教育に導入した[57]。数学の「集合・関数・確率」理論などである。高校では進学率の上昇に伴い、科目数を増やす教育課程の多様化をした。

系統主義の「詰め込み主義」が「落ちこぼれ」問題を引き起こした反省に立ち、1971（昭和46）年、中央教育審議会が包括的な教育改革（46答申）が提言された。その流れで1977（昭和52）年、「ゆとりと充実」を旗印に学習指導要領が改訂された。授業時数の1割削減と教育内容の精選、教育課程の弾力化で学

校の自主性が高められた。「ゆとりの時間」が設定され、「経験主義的なカリキュラム」への回帰が見られた。

　1975 (昭和50) 年7月、学校教育法が改正され、**専修学校**（中卒後の課程を**高等専修学校**、高卒後の課程を**専門学校**と称し、それ以外を一般課程の専修学校とした）が設立された。職業人の育成のための実践的な学びが期待され、後期中等教育、高等教育の多様化、生涯学習社会で専修学校の役割は大きく、以後増大している。

　1979 (昭和54) 年、国公立大学共通一次学力試験が実施され大学入試改革が断行された。1990 (平成2) 年からは大学入試センター試験と名称が変更され、私立大学も参加、部分的に利用できるようになった。

5）教育路線の根本的見直し：ゆとり教育（1980～2000）

　高校進学率は1954 (昭和29) 年ごろには50％超えたに過ぎなかったが、1965年に70％、1975年に92％、2000年には96％に達した。また、大学進学率も1960年までは20％だったが、1973年頃には30％を超え、大学も大衆化した。さらに、2009年には53％を超えてユニバーサル化されると大学教育も様々な不適応問題を抱えることになる。このような高学歴社会になると高校では不本意入学問題、大学では不適応問題が深刻となっていく。

　いじめや不登校問題等の「学校病理」が誰もが関わる大問題になり、抜本的な教育改革が求められた。

　臨時教育審議会〈1984 (昭和59) 年～1987 (昭和62) 年〉が内閣直属の機関として4次の答申が出され、ゆとり路線を後押しした。

　1989 (平成元) 年の学習指導要領では個性を生かす教育を目指して改訂された[58]。学習意欲や態度を重視した「**新しい学力観**」や主体的に学び、社会の変化に対応できる力として「**自己教育力**」が提唱された。小学校低学年で「**生活科**」が新設、高校では社会科が「**地歴科**」と「**公民科**」に分離され、「**世界史**」が必修化された。中高の「**家庭科**」は男女必修になった。1992 (平成4) 年から「学校五日制」月1回で試行され、95年に月2回に、2002 (平成14) 年に完全実施された。1994 (平成6) 年に高校に「総合学科」が誕生しさらに多様化した。1995 (平成7) 年にいじめ、不登校等の深刻な学校病理に対応する

ため、主に中学校に『**スクールカウンセラー**』[59]の配置が試行された。現代では全国全中学校に配置がほぼ完了した。

　1998（平成10）年の学習指導要領改訂（高校は1999年改訂）[60]では「**生きる力**」と「**ゆとり教育**」を掲げ、生涯学習社会を目指した。「**基礎・基本を重視した教育内容の３割削減**」や「**総合的な学習の時間**」が導入された。高校では**新教科**「**情報**」「**福祉**」が創設された。「学校外学修（ボランテイアや就業体験等）の単位認定が制度化された。前年の学校教育法改正で、1999（平成11）年、中高一貫教育の新たな形態として公立でも**中等教育学校**[61]が創設された。

（４）21世紀の教育改革
　１）現代教育の課題と対応
　20世紀末から21世紀初頭、グローバル化、高度情報化（ICT化）、人工知能（AI）の加速度的進歩等、急激な社会変化により、さらなる教育改革も求められてきた。学級崩壊、不登校、深刻ないじめ自殺等、学校病理はさらに深刻化した。2008（平成20）年度から国は都道府県に学校や教育委員会への配置を補助するSSW（スクールソーシャルワーカー）[62]活用事業を開始した。いじめや不登校の問題は家庭での虐待や貧困が絡むケースがあるため、社会福祉的な観点からも支援が必要と考えられた。

　いじめ自殺等[63]の問題が起こり、「**いじめ防止対策推進法**」[64]〈2013（平成25）年９月施行〉が国家的政策として対応している。また、教育内容削減の弊害で「**学力低下論争**」[65]が沸き起こった。現代ではゆとり世代への偏見等、教育改革は教育を受ける者への弊害も生み出しかねない。教育内容の削減は進学塾の隆盛を招き、経済的格差が教育格差を生む事態ともなった。子どもの貧困率は2013（平成25）年では16.1％まで高まり、「**子どもの貧困対策の推進に関する法律**」を施行され政府は総合的な対応をしている。不登校の子どもに多様な学びを提供することを目的にした「**教育機会確保法**」が2016（平成28）年12月が超党派の議員立法で成立・公布した。2017（平成29）年２月施行した。不登校児が学校以外の多様で適切な学習活動の重要性を指摘、不登校児の**休養の権利**、必要性を認めた。学校復帰を大前提としていた従来の不登校対策を転換、学校外施設等への就学機会の提供など国や自治体の施策の責務が規定された。

第3章　日本の教育制度と教育思想　53

2）改正教育基本法と改正学校教育法

　1947（昭和22）年3月に公布・施行された『教育基本法』は2006年（平成18）年12月、第1次安倍内閣で全面改訂された。全18条。これまでの個人の尊厳を継承しつつ、前文に「公共の精神」の尊重という規範意識を掲げた。また、第2条、教育目標に「豊かな情操と道徳心を培う」ことなど道徳教育が明文化され、「伝統と文化を尊重し、我が国と郷土を愛する胎動を養う」という愛国心が登場した。「教員の養成と研修の充実」「生涯学習の理念」「大学」「私立学校」「家庭教育」「幼児期の教育」「学校、家庭、地域住民との相互協力」「教育振興計画の策定」が追加された。

　「学校教育法」は2007年（平成19）年、「義務教育」の目標を定め[66]、**義務教育学校**[67]が新設され、各学校種の目的・目標の見直しがされた。盲・聾・養護学校を一体化した**特別支援学校**[68]の創設、大学等の助教授に代わる**准教授**職の新設等が改正された。

3）現行学習指導要領から次期学習指導要領へ

　改正教育基本法・学校教育法に準じて2008年（平成20）年に幼稚園教育要領、小学校、中学校学習指導要領が改訂され、2009年（平成21）年には高等学校学習指導要領、**特別支援学校学習指導要領**[69]が改訂された[70]。ゆとりでもなく詰め込みでもなく、知識・道徳・体力のバランスのとれた「生きる力」の実現を目指す。「脱ゆとり教育」とも呼ばれた。子どもの発達や学びの連続性と接続・連携を各学校が理解することが重視され、道徳教育を各教科で行うことが明示された。小学校5・6年に「外国語の時間」を創設、高校では「コミュニケーション英語Ⅰ・Ⅱ・Ⅲ・基礎」に改名し、英語で授業を行うことを原則とした。2012年（平成24）年から中学校保健体育で男女ともに武道とダンスが必修となった。2015年（平成27）年、学習指導要領を一部改正し、教科外活動であった小学校と中学校の道徳を特別の教科「道徳」として、教科に格上げした。教科「道徳」は検定教科書を導入し、数値評価ではなく、子どもの道徳性にかかわる成長の様子を文章表記で評価し、問題解決的な学習や体験的な学習を取り入れ指導方法を工夫し、いじめ問題への対応の充実や発達の段階をより一層踏まえた体系的なものに改善した[71]。

2016年（平成28）年8月、「次期学習指導要領に向けたこれまでの審議のまとめ」が文科省から報告された。改訂の基本方針は以下である。「教育基本法や学校教育法が目指す普遍的な教育の根幹をふまえ、グローバル化の進展や人工知能（AI）の飛躍的な深化など社会の加速度的な変化を受け止め、将来の予測が難しい社会の中でも、伝統や文化に立脚した広い視野を持ち、志高く未来を創り出していくために必要な資質・能力を子どもたち一人ひとりに確実に育む学校教育の実現を目指す」

2017年（平成29）年3月改訂、戦後9度目の小・中学校の学習指導要領が改訂された[72]。「**主体的・対話的で深い学び**（アクティブ・ラーニング）」の導入による学習過程の改善や新しい時代に必要となる育成すべき資質・能力を踏まえた教科・科目等の新設や目標・内容の見直しがなされる。2020年度、小学校ではプログラミング教育が必修化され、「外国語」は活動として中学年に週1時間、正式な教科として高学年に週2時間、導入される。また、高等学校「地歴科」では近・現代史を考察する「**歴史総合**」や現代の地理的な問題を考察する「**地理総合**」が「世界史」に代わり、必修化され、「公民科」では現代社会の諸課題を考察し、選択・判断する概念や理論を習得し自立した主体として国家・社会の形成に参画する力を育てる「公共」を創設、必修化される。英語科では「英語コミュニケーションⅠ」を必修化し、外国語発信能力を高める科目群として「論理表現Ⅰ・Ⅱ・Ⅲ」が創設される。2022年度、高等学校の大幅な改訂が第1学年から学年進行で実施される。

【注】
1）漢字を習う手本書
2）中央政庁の官吏養成を目的とし貴族（5位以上）、渡来氏族の子弟、8位以上の下級官吏の子弟で志願する者、国学を修了した者が入学対象であり、13歳以上16歳以下に限られた。経（儒学）・音（中国語の発音）・書・算（数学）の4コースがあり、各コースに教官（博士）が主に2名置かれた。平安初期には明経道（儒学）・算道（数学）・明法道（法学）・紀伝道（中国史学、文学）の四道に統合された。明経道の学生は定員、400名で最大の規模の官吏養成機関である。10日ごとに洵試と1年に2回実施の年終試験があり、成績評価が厳しく、成績が悪ければ一定の罰を受けた。試験結果が8割に達すれば、式部署が実施する官吏登用試験の「貢挙」を受験でき、上位成績なれば、官位が授与され官吏に登用された。

3）地方官吏養成機関であり、郡司の子弟（13～16歳の聡明なもの）を対象とした。生徒には地方官吏候補生の学生(がくしょう)と医師候補者の医生(いしょう)がいた。その数は国の規模により違い、大国では、学生50名、医生10名であった。教育の方針・組織等は大学寮に準じた。制度は奈良時代末期にようやく整備されたが、律令体制の崩壊とともに国学も衰退し、12世紀初めには消滅した。実際はあまり機能していなかった。教える学者（国博士、国医師）を得ることが難しく、開校されない地方もあったからである。

4）大宰府学校院とも呼ばれ、中央の大学・典薬の寮、国学に相当する機関。成立時期は不明であるが、11世紀まで続いたと推定される。781年太政官府の文献に「府学校に六国の学生、医生、賛生は二百四人あり」とあり、文献上の初見史料である。

5）医、薬、針、按摩の教授機関。医生が学んだ。

6）陰陽学（天文占術、暦等）の教授機関

7）雅楽（宮中で行う音楽）の教授機関

8）和気氏の弘文院（806年）、藤原氏の勧学院（821年）、橘氏の学館院（847年）等がある。

9）特定の家に代々伝授されている学問や学説のこと。平安中期以後、紀伝道では菅原氏世襲氏族の先駆けとなった。大江氏、藤原氏も独占した。

10）漢学を中心に仏教の古典を備えた文庫で、仏教と儒教を統一した新たな思想を模索する同志の読書、思索、議論の場で学校的な機能を併せ持っていた説もあり、8世紀の終わりごろまで続いた。

11）儒教、仏教、道教等、あらゆる思想・学芸を総合的に学び、知育、徳育を行った。校名の手芸種智は顕教、密教、儒教を学び、衆芸を兼ねて菩提心を起こさせるという意味である。空海の死後は十分な機能を発揮できず、消滅した。消滅の最大の要因は空海の予想に反し、入学を希望する庶民の少年が少なかったところにあると言われている。

12）北条重時御家訓、大内家壁書、信玄家伝、早雲寺殿廿一箇条、竹馬抄がある。

13）四天王寺、法隆寺、南都七大寺、高野山金剛峰寺、比叡山延暦寺が代表的な寺院である。

14）武蔵国金沢（現在の横浜市金沢区）にあり、北条実時が1275年に創建され、拡充された。14世紀初頭以後、僧侶養成の高等教育機関として全国に名を知られた。仏典・和漢書3万冊以上の蔵書があった。来校した僧侶は蔵書の閲覧・書写を行い、図書館の役割も果たしていた。

15）足利学校は中世における最も高度なレベルの教育機能を果たした。下野国足利（現在の栃木県足利市）にあり、有力御家人、足利氏により、鎌倉末期から南北朝時代に設立され、一時、衰微したが、1432年、関東管領、上杉憲実により再興された。漢字の教授や易学中心に儒学が教授され、天文、暦学、土木、医学、兵学等の高度な実学も重視された。一時期、全国から3,000人も参集した。江戸幕府にも保護され、1872

（明治5）年まで存続した。
16) 手習いは「いろは」から入り、最後は漢字に及び、読書は専門書でなく一応の教養的な学問であった。「喫茶往来」「応仁の乱消息」「十三湊新城記」等の教材が使われた。
17) 16世紀来日のイエズス会が設立したセミナリオとコレジオ等の総称
18) 1580年有馬（長崎県島原半島）、翌年に安土に設立された。伝道師や日本人司祭の養成を目的にした初等・中等教育学校程度の神学校である。ラテン語、日本の古典教育を核に、音楽・美術や体育の実学教育も重視された。具体的にはオルガン等の器楽、合唱、絵画・彫刻、印刷術等を学んだ。一般民衆の子弟も入学できた。
19) 1580年頃、イエズス会士バリニャーノが設立したコレジオでは宣教師（聖職者）の養成とヨーロッパ文化の伝達を目的にした高等教育機関であり、哲学、神学、一般教養（ラテン語、音楽、数学等）を教え、教義書や辞書の印刷出版も行った。1590年島原の加津佐、1591年天草、1597年長崎に移転した。
20) 藤原惺窩の門人であった林羅山が京都から江戸に招かれ、代々子孫が江戸幕府の儒官として仕えた。1630年に羅山が上野に開いた家塾、弘文館が起源である。1641年1690年に5代将軍綱吉は湯島に移転させ、孔子廟や学寮を建て、湯島を孔子生誕の地として昌平坂と名付け聖堂を置いた。
21) 1790年老中の松平定信は寛政の改革の一環として、朱子学のみを官学にし、正学の朱子学を習得した者だけを幕府役人として登用した。
22) 蘭学を中心に英学も加えた洋学教育機関。翻訳や外交折衝も担当し、幕末は自然科学部門も置かれた。
23) 素読所では全体の学習過程を7段階に分けて、それぞれ10程度で一斉指導を行った。『小学』『四書五経』が素読教材であった。
24) 復習所では成績により所属する段階を上下させる等級制度があった。
25) 初学所では上級の内容（『佐伝』『国語』『史記』『漢書』『十八史略』等）を学び、様々な経書の講釈という講義も聞いた。教授の隣席のもと、会読（読書会）、輪読、取り調べ（協同調査）等のゼミナール形式の授業も実施された。
26) 日本初の藩校は岡山藩主池田光政が設立した岡山学校（1669年）である。以後、会津藩の日新館（1674年）、萩藩の明倫館（1719年）、仙台藩の養賢堂（1736年）、薩摩藩の造士館（1773年）、水戸藩の弘道館（1841年）が代表的である。
27) 藩校は1661年から1750年の江戸中期までは28校だけで、以後1871年まで明治の学制改革までに276藩のうち215藩255校に増加した。藩校は藩の費用負担により設立され、一部は江戸藩邸にも併設された。藩士に学費の負担義務がない上、成績優秀者には藩から就学支援金が給付され、江戸等に遊学させることもあった。
28) 1670年岡山藩主池田光政によって設立された閑谷学校が有名である。
29) 京都堀川に開設された『古義堂』は明治まで続き、その学派は堀川学派・古義学派と呼ばれた。

30) 松下村塾では下級武士を集めて、社会改革の担い手を育て、明治維新を支えた有能な人材（伊藤博文、山県有朋(やまがたありとも)ら）を輩出している。
31) 貝原益軒は江戸時代前期の儒学者・博物学者・教育学者である。福岡藩士の家に生まれ、京都で朱子学を学んだ。幼少から読書家であり、自分の足で歩き、目で見、手で触るなど実証主義的な学びを重視した。著書は平易な文章で書かれ、多くの人に愛読された。『大和本草』等の本草書、『養生訓』『五常訓』等の教育書がある。
32) 『咸宜園』は教育方法や評価方式の改革（毎月の学力検査で等級を定めた）の成功で門下生が2人から4,000人まで急増した。
33) 明治初期の調査によると、当時の寺子屋の数は15,512校に拡大していた。就学率は江戸のような大都市では、86％、南関東の中農層の多い地域では10％強であり、地域格差が見られた。
34) 手紙形式の習字や読本として利用された初級教科書。
35) 教訓を中心とした初等教科書
36) 領主側の思想に沿った農作業、納税、衣服、食物、牛馬飼育など農家に必要な知識と文字の教科書。
37) 商取引に関する知識・技能など商人生活に必要な教養・教訓のビジネス書
38) 江戸中期以降普及した女子教訓書、大学とは『四書五経』の1つを示す。貝原益軒の『和俗童子訓』の巻5の「女子ニ教ユル法」を享保年間に3分の1に簡素化して出版された書（初版1729年）。19か条で構成され、女子教育の理念、結構後の婦人の実際生活の心得を説く。貝原の敬天思想に基づく人間平等観がすべて捨象され、儒教による良妻賢母主義の封建的隷属的女子道徳を説いた。
39) 江戸中期の思想家で、京都車屋町に塾をひらき、畿内中心に後の「石門心学」を説いた。最盛期には門人が400名になり、商人の支持を集めた。人間価値の平等や商人の利潤の正当性を認めていた。当時の賤商論（商人の利潤追求を賤しめ、商人を劣等氏する考え方）を否定し、利潤追求を天理として商人の売利は武士の俸禄と同等以上のものと説き、商人の社会的役割を尊重した。
40) 通称は二宮金治郎。経世済民（世の中を良く治めて人々を苦しみから救うこと）を目指して報徳思想を唱え、報徳仕法と呼ばれる農村復興政策を指導した。報徳思想は経済と道徳の融和を説き、私利私欲を捨てて、社会貢献すれば自らに還元されるという考え方。
41) 各大学区に大学1校、その下に中学校256校、小学校53,760校を設立させる計画であった。これは国民の子弟がすべて収容できる規模であった。学制の号令はあっても政府からの財政的援助はなく、校地確保や校舎建設の費用は難しかった。寺院等を借用して開校した。寺院の木堂や神社の境内を教室にするなど工夫して学校が運営された。農村では授業料や学校建設費の負担が重く、貴重な労働力の子どもの通学に反対した。通学反対の農民一揆が各地で発生した。

42) 一定の学力を習得して次の段階にいくことが許可される制度。等級制では生徒の学級別在学数は下級には多いが上級になるにつれて減少する。小規模小学校では各級ごとに指導する教師を満たすことが困難になった。1882(明治15)年頃から合級性(1教師が複数学級を担当)が目立ってきた。1885(明治18)年頃には等級変更が半年単位から学年単位に転化された。さらに等級制は全国各地で学力水準の異なる生徒も含む学級制へ転換されていった。

43) 正式には、「教育ニ関スル勅語」といい、元田、井上毅により草案が起草され成案となった。「教育勅語」では儒教思想を基本に仁義忠孝の道徳を加えた教育の基本原理が示された。究極には国家主義的な天皇への忠誠と団結意識を要請していた。

44) 旧制中学校が法的に整備され、高等専門教育を望む者が増加すると、私立学校中心に専門学校の設立申請が増加した。専門学校令によって設立された専門学校は多様な高等専門教育(宗教系、女子、医学、歯科医学、薬学、外国語等)を実施した。

45) 私立としては武蔵(1921年)甲南(1923年)成蹊(1925年)成城(1926年)が創設された。

46) 私立では、慶応、早稲田、中央、明治、法政、日本、同志社、國学院等がいち早く大学に認可された。公立では大阪府立、愛知県立、京都府立、熊本県立の公立医科大学も大学に昇格した。

47) 澤柳は明治から大正期に文部官僚および教育者として活躍し、大正新教育運動の中心的な役割を果たす。文部官僚として、小学校義務教育を4年から6年に延長させ、旧制高等学校を増設し、全国から人材を登用する扉を開いた。1906(明治39)年文部次官、1911(明治44)年東北帝国大学初代総長、帝国大学に初めて女子の入学を認めた。1913(大正2)年京都帝国大学総長に就任、大学の刷新のため7名の教授を解任しようとしてスキャンダルになり、総長を辞任(澤柳事件)。その後、成城学園の校長となり私学教育の充実に努める。新教育運動の実験校として、1917(大正6)年成城小学校を創立した。ここで小原國芳が訓導として活躍し、大正新教育運動(自由教育運動)の旗手となった。澤柳は個性尊重教育や教員の研究活動を支援しその充実を促した。『ペスタロッチー』『実際的教育学』『教育者の精神』『教師及び校長論』『公私学校比較論』等、その著書でも新教育のリーダーの役割を担った。中村正巳(北海道情報大学教授)は「澤柳政太郎」『教師論』(米山編著、玉川大学出版部)で澤柳の教育者としての功績を紹介している。

48) 手塚岸衛は子どもの自主性、自発性を最大限に発揮させる自由教育の理念を掲げ、1928(昭和3)年東京目黒に幼稚園・小学校・中学校からなる『自由が丘学園』を創設した。1936(昭和11)年手塚が死去(享年57)すると学園は苦境になり、同年、中学校(現在の自由が丘高等学校)が藤田喜作(社会学者)により再出発した。1937(昭和12)年幼稚園・小学校は『トモエ学園』として成蹊小学校で教鞭を執った小林宗作が引き継いだ。戦時中の空襲で校舎が消失、終戦後、1946(昭和21)年に小学部は廃校

になったが、幼稚園は1963（昭和38）年まで続いた。小林の死去に伴い休園、1978（昭和53）廃園した。ここで学んだ黒柳徹子は著書『窓際のトットちゃん』で『トモエ学園』の自由教育の様子を描き、80年代に大ベストセラーになった。2017（平成29）年の現代、テレビ朝日系列でドラマ化されて反響を呼んでいる。

49）稲毛金七の創造教育論、及川平治の動的教育論、小原國芳の全人教育論、片山伸の文芸教育論、河野清丸の自動教育論、千葉命吉の一切衝動皆満足論、手塚岸衛の自由教育論、樋口長市の自学教育論の8人が講演の内容は様々だが、画一的な教師中心主義的な教育を批判し、子どもの自由や創造性、個性を重視する教育が共通の提案であった。

50）1951（昭和26）年、無著成恭（むちゃくせいきょう）が発表した文集『山びこ学校』が有名である。

51）青年学校の目的は「男女青年に対してその心を鍛錬し、徳性を涵養すると同時に職業及び実際生活に必要な知識技能を授け、国民としての資質を向上させる」ことであった。中等教育機関（中学校や高等女学校等）に進学しない勤労青少年男女に対象の無償の定時制学校である。普通科2年、本科（男子5年、女子3年）が設置された。1939（昭和14）年、満12歳から19歳の男子は義務化され、軍事教育が中心になった。

52）軍国主義・超国家主義に係わる教科書の該当部分を墨で塗りつぶして使用した教科書。

53）1946（昭和21）年3月、ストッダード（George. D. Stoddard）を団長とする27名の『米国教育使節団』が来日、日本の教育事情を1か月程度視察調査し日本教育再建の方向性を報告書としてまとめたものである。その第1章「日本教育の目的と内容」で次のように述べている。「民主政治下の教育制度は個人の価値と尊厳の認識であり、個人を社会の責任ある協力的成員に育成すること、各人の能力と適性に従って、教育の機会を与えるよう組織されるであろう」「新しい日本の建設にあたって、人々は労働者、市民、及び人間として彼らを成長させるに足りるだけの知識が必要になるだろう」と民主社会の教育目標が明示されている。

54）『教育刷新委員会』は米国教育使節団報告書の趣旨に沿って、日本の学校教育の根本的改革案を審議するために内閣に設置された。内閣総理大臣の諮問機関という性格だが、委員会独自の審議、内閣総理大臣に建議を行う権限など戦後教育を強力に推進する権限が与えられた。各界の識者50名で構成され、初代委員長は安部能成、2代南原繁が就任した。この答申建議で教育基本法、学校教育法が制定された。

55）教育基本法の前文や第1条で見られる、個人の尊厳や人格の完成は大正新教育運動が強調した人権思想である。教育刷新委員会の委員の1人、田中耕太郎はその著『教育基本法の理論』で人格の意義を極めて克明に示し、「基本法第1条の解釈は19世紀ドイツ観念論哲学によって示唆を受けた」と述べている。田中は真の人格の完成を基礎にしてこそ、よき国民性を形成できるという近代的教育学に立脚したものと考えた。

56）偏差値とはテストの得点が平均と比べてどの程度高いか、低いかを数値で示したも

の。偏差値から学級・受験者集団の中で相対的な位置を読み取る利点がある。ただ、偏差値の高低によって受験校が決定され、学校がランク付けされるなど受験競争の激化を招いた。
57)「教育内容の現代化運動」と呼ばれ、科学技術の発展を意図して、教育内容が高度化された。濃密なカリキュラムが組まれたが、授業が早すぎて、「新幹線授業」などと批判された。教科書を消化することができず、教科書の内容を一部飛ばすなど消化しきれない単元を残したまま進級・卒業させる場合もあった。
58) 小学校は1992(平成4)年度、中学校は1993(平成5)年度、高校は1994(平成6)年度第1学年から学年進行で実施された。
59) スクールカウンセラーは教育機関で心理相談業務を行う心理職専門家の職業名。従来、教職員のみで対応してきた業務を細分化し、高度に専門化させ、外部化した役割を担い、保護者、教職員と有機的連携を図りながら子どもの支援を行うことが望まれる。
60) 小・中学校は2002(平成14)年度から、高校は2003(平成15)年度から実施された。
61) 中等教育学校は6年間の中高一貫教育、前期課程3年は中学校、後期課程は高校に相当する。前期課程修了者は後期課程だけでなく、他の高校や国立高等専門学校にも進学できる。入学生徒は学力検査でなく、適性検査や作文・面接等で選抜する。教諭は原則、中高両方の教員免許が必要となる。同一の設置者で中高を接続し、選抜はしない「併設型」、異なる設置者の中高が様々な交流・連携を行う「連携型」がある。2013年度までに450校(中等教育学校50校、併設型318校、連携型82校)ある。
62) 学校で子どもの問題解決に取り組む外部の専門家にSC(スクールカウンセラー)がいるが、SCが個人の子どもの心理的ケアに重点を置くのに対して、SSW(スクールソーシャルワーカー)は子どもを取り巻く環境に働きかけ、関係機関とのつなぎ役になり、情報提供や調整をして、保護者や教員を支援する仕事である。
63) 2011(平成23)年、学校側がいじめはなかったとして適切な対応をしてこなかったことが原因で起こった大津市の中2いじめ自殺事件が2012(平成24)年に発覚し、全国的な問題になった。これを契機にいじめに関する立法化が進んだ。
64)「当該行為の対象となった児童生徒が心身の苦痛を感じているもの」をいじめと定義したことにより被害者の人権を配慮する内容となった。学校に対策組織の義務化と対処方法の明確化も定めている。
65) 1990年代末、日本の子どもたちの学力低下が問題視され、大きな議論が展開された。論争の結果、文部科学省はゆとり教育から政策転換を余儀なくされた。
66) 義務教育の目標として規範意識、公共の精神に基づき、主体的に社会の形成に参加する態度を培うこと、保護者への積極的な情報提供が規定された。
67) 2015年(平成27)年学校教育法の改正で義務教育学校は誕生した。義務教育学校は小・中学校9年間の一貫したカリキュラムで運営する新たな学校で2016年(平成28

年度から市町村の判断で設置できるようになった。全国で22校が開校した。
68) 心身に障害がある児童・生徒に対して障害による学習上又は生活上の困難を克服するために必要な知識・技術を養うことを目的にする学校。障害種別を超えて重複障害児の対応や発達障害等新しいタイプの課題を抱える子どもの対応も可能となった。
69) 特別支援学校制度が開始されたのに伴い、従来の「盲・聾学校、養護学校学習指導要領」から名称変更された。
70) 小学校は2011（平成23）年度、中学校は2012（平成24）年度から完全実施され、高校は2013（平成25）年度から第1学年から学年進行で実施された。特別支援学校は幼・小・中・高校の実施スケジュールに準拠して実施される。1980（昭和55）年以来減り続けてきた授業時間は30年ぶりに増加し、総合的な学習の時間は大幅に削減され、主要後教科（国、算・数、理、社、英）および保健体育の総授業時間が増加した。
71) 教科「道徳」は小学校では2018（平成30）年度、中学校2019年度から完全実施される。
72) 幼稚園は2018（平成30）年度、小学校は2020年度、中学校は2021年度から完全実施され、2018（平成30）年に高等学校学習指導要領、特別支援学校学習指導要領が改訂される予定である。高校は2022年度から第1学年から学年進行で実施され、特別支援学校は幼・小・中・高校の実施スケジュールに準拠して実施される予定である。

学習課題

（1）古代から中世まで、教育制度・施設や教育思想について太い文字で示した事柄中心に整理してまとめてみよう。

（2）近世の教育について教育制度・施設や教育思想について太い文字で示した事柄中心に整理してまとめてみよう。

（3）近代、明治期の学校教育制度や教育思想について太い文字で示した事柄中心に整理してまとめてみよう。

（4）大正期から昭和前期の学校教育制度の特色や教育思想について太い文字で示した事柄中心に整理してまとめてみよう。

（5）戦後から20世紀末までの学校教育改革について太い文字で示した事柄中心に整理してまとめてみよう。

（6）21世紀後、現代の学校教育改革や今後の方向性について太い文字で示した事柄中心に整理してまとめてみよう。

【参考文献】

伊藤潔志編著『哲学する教育原理』保育出版社　2017

中田正浩編著『人間教育を視点にした教職入門』大学教育出版　2014

中田正浩・松田智子編著『次世代の教育原理』大学教育出版　2012

有村久春著『教育の基本原理を学ぶ　教師の第一歩を確かにする実践的アプローチ』金子書房　2009

河村正彦編著『新しい教育の探求』川島書店　2003

米山弘編著『教師論』玉川大学出版部　2001

岩田朝一『教育学教程』学苑社　1992

第4章

日本の教育行政

⋮

　一般に「教育行政」という言葉を聞いて明確なものを思い描くのは難しいのではないだろうか。

　「教育行政」という言葉を広辞苑で引いてみると、「各種の教育活動を組織し、一定の目標に向かって運営すること」とあり、続けて「主な教育行政機関に文部大臣・都道府県・市町村の教育委員会がある」と記されている。

　つまり教育行政の主体は、国と地方公共団体である。具体的には、国の場合、内閣及び内閣総理大臣、文部科学省や文部科学大臣、関係省庁であり、地方公共団体の場合は、首長の知事や市町村長、教育委員会や教育長である。

　より具体的なことを述べれば、国の教育政策、国・地方の教育予算、教員養成と免許制度、教師の任用と身分、教育課程、教科書・教材等について学ぶのである。

　しかし、これらをひとつの小（単元）として捉えることには、多少無理があるので、次の4点に絞って論述していくことにする。

　それらは、①教育行政の意味・目的、②教育行政組織の変遷と概要、③教育財政制度、④今後の教育行政である。

　この章（単元）では、これから教職を目指す学生にとって、学校教育は「教育行政」と直接的・間接的に深く関わっていることを学び取ってほしい。

1．教育行政の意味・目的

　江戸時代のように私的な団体の藩校や詩人によって営まれていた私塾や寺子屋等の時代には「教育行政」は存在しなかった。明治時代に入り近代国家の成立とともに、天皇中心の中央集権国家体制の基礎を固めるために、教育が最重要手段となり、教育が国家によって運営されることになった。

　「教育行政」の定義について、前頁で「教育に関する行政」と述べてみたが、櫃者も余りにも意味のある定義には成りえていないように感じる。平原春好は「定義が比較的一般に受け入れられた時代があった」、引き続き「これに対して、この定義は同義語反復であり、定義としては不十分だとする批判が出された」と述べている。「それとても、いかなる点において教育に関する行政なのかについて説明がない限り、意味不明というほかはなく、定義としては不適当だといわざるを得ない」。引き続き「教育行政」に対して、「教育行政」の語が教育＋行政との合成語であれば、「教育行政は『教育を対象とする行政』であり、『教育を運営する行政』だという方が良い」と述べている。この教育は、制度としての教育を指しており、制度としての教育についての行政は、国（＝文部科学省）または地方教育団体の機関（＝教育委員会）によって行われるのである。

　また宗像誠也は、「教育行政とは権力の機関が教育政策を実現することだ」と定義した。また別の見方として「教育行政とは、国や地方公共団体による教育条件の整備」に限定されるべきとする考え方もある。これは「教育行政」の役割についての規範を強調しており、定義としては間違ってはいないが「教育行政」そのものを正確に説明してはいない。

　「教育行政」に関する規定は、**「教育基本法」**第三章第16条第1項に「教育は、不当な支配に服することなく、この法律及び他の法律の定めるところにより行われるべきものであり、<u>教育行政は、国と地方公共団体との適切な役割分担及び相互の協力の下、公正かつ適切に行われなければならない</u>」と定められている。

　なお、国の義務として同条第2項に「全国的な<u>教育の機会均等と教育水準の

維持向上を図るため、教育に関する施策を総合的に策定し、実施しなければならない」とあり、地方公共団体の義務は同条第3項に「その地域における教育の振興を図るため、その実情に応じた教育に関する施策を策定し、実施しなければならない」とされている。世間では、すべての子どもの幼児教育・保育の無償化など教育の無償化に等に関する議論が本格的に始まっている。社会では、教育無償化の話が叫ばれているが、同条第4項には「国及び地方公共団体は、<u>教育が円滑かつ継続的に実施されるよう必要な財政上の措置</u>を講じなければならない」とある。

　また旧教育基本法（＝昭和22年）では、「教育行政」を同法第10条第2項に「教育の目的を遂行するに必要な諸条件の整備確立を目標として行われなければならない」という表現が取り入れられた。上原貞夫は「このことは、確かに明治以来の国権主義的な教育行政官を克服するにとどまらず、従来の教育法規注釈に傾斜した教育行政研究に対して、新たな視野を開いたという意味で、高く評価できる」として、「教育行政」を「国家権力が中央・地方の政府を通じて特定の理想や目標に向かって、教育を組織し運営していく日常　権力による公教育を中心とした教育条件整備のための行政作用である」と述べている。

2．教育行政組織の変遷

（1）中央の教育行政組織

　わが国の近代における公教育は1872（明治5）年の「**学制**」によって開始された。その前年の1871（明治4）年に明治政府は、廃藩置県を断行して中央集権国家体制が敷かれ、同月18日には太政官布告によって、「教育事務総判シ、大中小学校ヲ管掌」（＝教育行政事務を総括し、学校を所管する機関）として、**文部省**が設置された。この時期までの文部省は、教育研究機関と教育行政機関との両方の機能を兼ね備えていたが、1872（明治5）年御「学制」第1章において「全国ノ学政ハ之ヲ文部一省ニ統フ」と明記され、日本の教育を一元的に統轄すべき国家機関として文部省には教育行政の権限が集中し、中央集権的な教育行政制度が整備されていった。戦前の文部省は、中央集権、思想統制、軍国主義的色彩が非常に強かった。

第二次世界大戦後は、中央集権的な国家運営は全面的に改められ、教育行政も次の3つの「①法律主義」「②地方分権」「③一般行政からの独立」を基本に営まれることとなった。

　その1つ目の「法律主義」とは、戦前の教育に関する基本的事項は、天皇の発する勅命（命令）によって定められていた。しかし戦後は、教育の基本的事項は法律で規定するとともに、国会で定められた法律に基づいて教育行政が実施されることになった。具体的には、「日本国憲法」第26条第1項「すべて国民は、法律の定めるところにより、その能力に応じて、ひとしく、教育を受ける権利を有する」と規定し、「教育基本法」第4章第18条「この法律に規定する諸条項を実施するため、必要な法令が制定されなければならない」とあるように、必要な法律を定めるべきことが規定されている。

　2つ目の「地方分権」については、アメリカ教育使節団が新しい地方教育行政制度として、次のような基本的原理の変更を命じる中で述べている。ⅰ）戦前の中央集権制を改めて地方分権化を図ること、ⅱ）文部省を専門的な指導助言きかんとすること、ⅲ）地方教育行政機関は民衆の公選制によること、ⅳ）教育行政を一般行政から独立させて、教育の自主性を確保することなどの4点を指摘した。

　この指摘された内容が、教育行政組織関係の法制上よく具体的な形に表れているのが、1948（昭和23）年の「**教育委員会法**」であり、次いで1949（昭和24）年の「**文部省設置法**」である。ところで、戦後の教育行政の基本的在り方については、すでに「日本国憲法」第23条の「学問の自由」や第26条「教育を受ける権利、教育を受けさせる権利、義務教育の無償」等の教育関係の事項が定められており、直接的には1947（昭和22）年の「教育基本法」第10条「教育行政」に基づいて方向付けがなされていた。

　3つ目の「一般行政からの独立」については、地方分権のところでも述べたように教育行政を一般行政から独立させて、教育の自主性を確保することである。もう少し詳細に述べると、一般的に地方の行政事務について国の関与を排除し、これを地方公共団体に任せ、地方住民の意思に基づいて処理することである。

　中央教育行政機関としての文部省は、前述の改革基本方針によって、以前か

らの中央集権方式や指揮・監督の色彩を払拭し、教育・学術・文化に関する指導・助言や協力・援助たる機関として、1946（昭和21）年に新たに出発をした。

2001（平成13）年1月の中央省庁再編により、それまでの文部省と科学技術庁を廃止。これらを統合して「**文部科学省**」（以下、文科省とする）が設置された。

文科省の任務は、「文部科学省設置法」第3条に教育の振興及び生涯学習の推進を中核とした豊かな人間性を備えた創造的な人材の育成、学術、スポーツ及び文化の振興並びに科学技術の総合的な振興を図るとともに、宗教に関する行政事務を適切に行うことを任務とする」と定めている。

その文科省は、本省と外局（スポーツ庁・文化庁）からなり、本省には文部科学大臣の下に副大臣・大臣政務官（各2人が置かれ、国会議員が就任）・秘書官、事務次官、文部科学審議官を置き内部の部局として、大臣官房（文教施設企画部を含む）と六つの局【生涯学習政策局、初等中等教育局、高等教育局（私学部を含む）、科学技術・学術局、研究振興局、研究開発局】、国際統括官が置かれている。その下には、部や課が設けられている（図4－1 文部科学省の組織図を参照）。また外局のスポーツ庁には、長官のほかに5課と参事官2人、文化庁には長官と長官官房と文化部および文化財部と特別の機関（日本芸術院）が設けられている。

文部科学大臣は、総理大臣によって任命され、文科省の長であるとともに、内閣を構成する国務大臣でもある。文部科学大臣が有する権限は、「**国家行政組織法**」第10条「その機関の事務を統括し、職員の服務について、これを統括する」こと、同法第11条「行政事務について、法律もしくは政令の制定、改正又は廃止を必要と認めるときは案をそなえて、内閣総理大臣に提出して閣議を求めなければならない」、同法第14条第1項「その機関の所掌事務について、公示を必要とする場合においては、公示を発することができる」、同法第14条第2項「その機関の所掌事務について、命令又は示達するため、所管の諸機関及び職員に対し、訓令又は通達を発することができる」などである。

文科省の所掌事項としては、

① 教育（学校教育・社会教育）、学術または文化に功績のある者の顕彰に関すること。

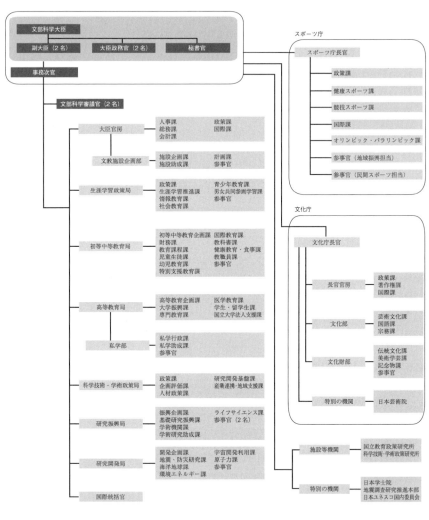

図4-1　文部科学省の組織図（平成29年4月1日現在）
（出典：「文部科学省」のHPより）

② 基本的な文教政策について、調査し、および企画すること。
③ 所掌事務にかかる調査統計を行い、必要な資料を収集し、解釈し、およびこれらの結果を利用に供すること。
④ 外国の教育事情について、調査研究を行い、およびその結果を利用に供すること。
⑤ 所掌事務にかかる年次報告、要覧、時報等を編集し、および頒布すること。

という総括的な事務をはじめとして、学校教育、学術・研究、文化、社会教育、文化施設等に関する事項に至る合計95項目が「**文部科学省設置法**」第4条に列挙されている。

また本省には、文部科学大臣の諮問機関として**審議会・審査会・調査会**などという名称の機関が設置されている。具体的には、「**中央教育審議会**」をはじめ、「**教科用図書検定調査審議会**」、「**大学設置・学校法人審議会**」、「**教育課程審議会**」、「**科学技術・学術審議会**」などがある。

その名でも、中心的な位置を占めるのが「中央教育審議会」である。「中央教育審議会」には、教育制度分科会、生涯学習分科会、初等中等分科会、大学分科会、スポーツ・青少年分科会などが置かれ、その下にまた部会が置かれている。例えば、初等中等教育分科会には教育課程部会が置かれ、さらにその中に教科別等の専門部会が置かれ、そこでは学習指導要領改定の際には、委員間で活発な審議が行われている。選ばれる委員は、大学等の教員、地方教育行政・自治体・経済団体スポーツ団体等の関係者である。

（2）地方の教育行政組織

1945（昭和20）年のポツダム宣言の受諾により、日本は連合国に降伏し、長年続いた戦争に終止符が打たれた。そして、連合国軍最高司令官のマッカーサーによる5大改革が指示され、その改革の1つに「教育制度の自由主義的改革」があった。

具体的には、教育に関しても"地方自治の原則"が採用され、それまで長期間にわたって教育は国の事務であったものが、基本的に地方への事務に移管されることになった。

わが国の地方教育行政機関としての「**教育委員会**」は、GHQによりアメリカの教育委員会制度が導入され、設置された。1948（昭和23）年には「**教育委員会法**」（＝旧法）が制定されたが、教育委員の選出を直接選挙（＝公選制）によるものとした。教育長は、教員免許状と同様に教育長免許状の取得を必要とし、教育長は資格を有する者の中から選任された。

　しかし、1956（昭和31）年に「教育委員会法」に代わっての「**地方教育行政の組織及び運営に関する法律**」（略称：「**地教行法**」）が制定されると、教育長の免許・資格制度は廃止され、教育委員の選出は地方公共団体の長が議会の同意を得て任命されることになった。また、財政に関する自主権も無くなり、文科省と地方公共団体の教育委員会間との指揮監督権は強化された。

　教育長と教育委員会事務局との関係で、教育長は教育委員会の指揮監督の下に、教育委員会の所掌事務の執行にあたる。また教育長は、当該教育委員会の委員（委員長を除く）の中から教育委員会が任命する。そして、教育長は任期中在任するものとしており、身分は、常勤の一般職の地方公務員である。

　教育委員会の事務局に置かれている職員として、専門的教育職員として「**指導主事**」・「**社会教育主事**」等が置かれ、教職員人事に関する事務に専門的に携わる職については「**管理主事**」が置かれている。以上のほかには、事務職員・技術職員その他所要の職員が置かれている。

　教育委員会の職務権限の詳細については、その「地教行法」第21条に19項目があげられている。

① 教育委員会所管の学校その他の教育機関の設置、管理及び廃止に関すること
② 学校その他の教育財産の管理に関すること
③ 教育委員会及び学校その他の教育機関の職員の任免その他の人事に関すること
④ 学齢生徒及び学齢児童の就学並びに生徒・児童及び幼児の入学、転学及び退学に関すること
⑤ 学校の組織編制、教育課程学習指導、生徒指導、および職業指導に関すること
⑥ 教科書その他の教材の取扱いに関すること

⑦　校舎その他の施設及び教具その他の設備の整備に関すること
⑧　校長、教員その他の教育関係職員の研修に関すること
⑨　校長、教員その他の教育関係職員並びに生徒、児童及び幼児の保健、安全、厚生及び福利に関すること
⑩　学校その他の教育機関の環境衛生に関すること
⑪　学校給食に関すること
⑫　青少年教育、女性教育及び公民館の事業、その他社会教育に関すること
⑬　スポーツに関すること
⑭　文化財の保護に関すること
⑮　ユネスコ活動に関すること
⑯　教育に関する法人に関すること
⑰　教育に係る調査及び指定統計その他の統計に関すること
⑱　所掌事務に係る広報及び所掌事務に係る教育行政に関する相談に関すること
⑲　そのほか、当該地方公共団体の区域内の教育事務に関すること

　教育委員会事務局の組織や職務内容を、具体的に大阪府教育委員会のHP（図4-2）から教育委員会制度を紐解いてみると、「教育委員会は知事や市町村長から独立した行政委員会で、学校その他の教育機関を管理し、学校の組織編制、教育課程、教科書その他の教材の取扱い及び教育職員の身分取扱いに関する事務を行い、並びに社会教育その他教育、学術及び文化に関する事務を管理し及びこれらを執行している」と記載されている。

　ここでいう**行政委員会**とは、教育委員会をはじめとして「公安委員会」や「選挙管理委員会」、「収用委員会」などは知事部局の管理下にあらず、職務内容に中立性をもたせる意味でも独立させている。

　大阪府教育委員会（大阪府教育庁）は、教育長及び5人の教育委員で構成され、合議により教育の基本方針を決定している。

　2007（平成19）年の「地教行法」改正以降、教育委員の人数は原則5名、ただし6名以上も可、町村の場合は3名以上の委員でもよいこととなった。

　大阪府教育庁（＝大阪府教育委員会）は具体的に、次のような仕事をしている。

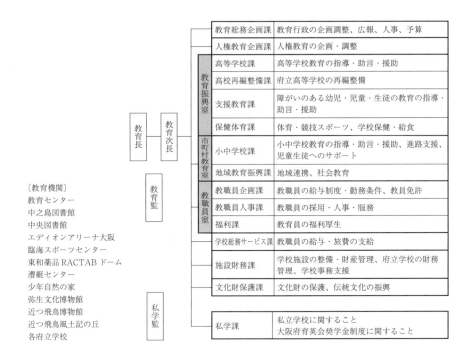

〔教育機関〕
教育センター
中之島図書館
中央図書館
エディオンアリーナ大阪
臨海スポーツセンター
東和薬品RACTABドーム
漕艇センター
少年自然の家
弥生文化博物館
近つ飛鳥博物館
近つ飛鳥風土記の丘
各府立学校

　平成28年4月に私立学校に関する事務が「知事」から「教育長」に委任され、新たに「私学課」を設置のうえ、従来の教育委員会事務局と合せて「教育長」として教育行政を一元的に推進している。

図4-2　大阪府教育庁の組織図

① 教育長の庶務・相互企画調整・広報・人事予算に関すること（教育総務企画課）
② 人権教育の企画・調整に関すること（人権教育企画課）
③ 高等学校教育の指導・助言・援助に関すること（教育振興室）
　　府立高等学校の再編整備に関すること
　　障害のある児童生徒の教育に関すること
　　体育・競技スポーツ、学校保健・給食に関すること
④ 小中学校教育の指導・助言・援助、市町村支援に関すること（市町村教育室）

進路支援、児童生徒サポートに関すること
地域連携、社会教育に関すること
⑤ 教職員の勤務条件、教員免許に関すること（教職員室）
教職員の採用・人事・服務に関すること
教職員の福利厚生に関すること
⑥ 総務サービス運営事業、教職員の給与等に関すること（学校総務サービス課）
⑦ 府立学校の施設整備・財産管理・財務管理に関すること（施設財務課）
⑧ 文化財の保護、伝統文化の振興に関すること（文化財保護課）
⑨ 私立学校に関すること（私学課）

3．教育財政制度

　国の予算（図4-3　国の予算）とは、国家を運営するための会計である。詳細に述べると、内閣（政府）、国会および裁判所棟の機関が活動する際に、必要とするお金（収入・支出）のことである。これらの機関の予算は、人件費、活動費、施設運営費、事業費や各種団体等への補助金等に充てられる。

　国の予算は、4月から翌年の3月までの間を会計年度と呼び、収入総額に見合った範囲内で、各々の機関が仕事をしていくのである。

　2017（平成29）年度の国家予算案閣議決定を見ると、一般会計は97兆4,547億円（前年度予算額の0.8％増）である、その財源の内訳は、税収が57兆7,120億円で、税外収入5兆3,729億円、不足分の34兆3,698億円は公債金（＝国債を発行して借りたお金）で調達したのである。歳出総額は、97兆4,547億円で前年を上回る歳出になる。国の支出は、国債発行で賄うものではなく本格的な収入で賄わなくてはならない。

（1）国の教育予算

　国の教育財政は、国の一般会計歳入額と国の一般会計歳出額（図4-4　国の一般会計歳入額と国の一般会計歳出額の内訳）、具体的には文部科学省関係の予算、つまり「文教及び科学振興費（2017（平成29）年度・5兆1,251億円・

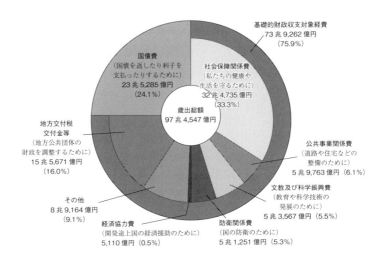

図4-3 「国の一般会計歳出額の内訳(平成29年度当初予算)」

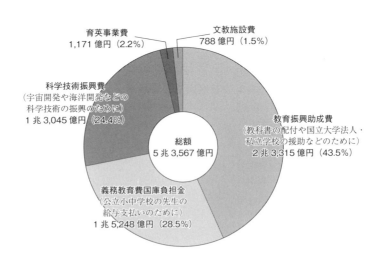

図4-4 「文教及び科学振興費の内訳(平成29年度当初予算)」

5.3％) によって見ることができる。

文教及び科学振興費（教育や科学技術の発展のために）の内訳は、義務教育費国国庫負担金（公立小中学校の先生の給与支払いのために）、科学技術振興費（宇宙開発や海洋開発などの科学技術の振興のために）、文教施設費（公立小中学校の施設）、教育振興助成費（教科書の配布や国立大学法人・私立学校の援助などために）、育英事業費などをあげることができる。これらを見てみると、国が直接使うものではなく、地方公共団体や国立大学法人、私立学校への支出が顕著である。

国の教育予算の約3割（2017（平成29）年度、28.5％）を占める義務教育費国庫負担金支出の名目は、『**義務教育費国庫負担法**』第1条「義務教育について、義務教育無償の原則に則り、国民のすべてに対しその妥当な規模と内容とを保障するため、国が必要な経費を負担することにより、教育の機会均等とその水準の維持向上とを図ることを目的とする」によるものである。義務教育国庫負担金は当初、義務教育の整備充実特に教員の待遇改善という性格を持っていた。

義務教育費国庫負担制度は、公立義務教育諸学校の教職員給与費を都道府県の負担とした上で、国が都道府県の実支出額の2分の1を負担する制度であった。しかし2006（平成18）年から国庫負担が3分の1に変更された。本来市町村間では財政格差が大きいので、教職員の給与の地域格差、ひいては、義務教育の質の格差が生じないために必要な財政措置である。

以上述べてきたことは、『教育基本法』第16条第2項「国は、全国的な教育の機会均等と教育水準の維持向上を図るため、教育に関する施策を総合的に策定し、実施しなければならない」こと、同法第16条第4項「国及び地方公共団体は、教育が円滑かつ継続的に実施されるよう、必要な財政上の措置を講じなければならない」こと、教育に関する施策の実施と必要な財政上の措置を講じなければならない。

（2）地方の教育予算

地方公共団体（都道府県・市町村）の予算においても、国の場合と同様に住民のために仕事を行うにあたって必要なお金は、収入である税金が原則である。

しかし、国の場合と異なるのは、地方公共団体が仕事を行うために税金だけで賄おうとすれば、各々に税金収入の格差が生じてくるので、その格差を埋めるために国は地方交付税交付金を地方公共団体に交付するのである（図4-5）。

2016（平成28）年度の一般会計歳出における地方交付税交付金は15兆5671億円（歳出の16.0％）であり、地方公共団体の収入総額においても、大きな比重を占めている。

大阪府の事例（図4-5）で見てみると、平成28年度一般会計当初予算（6,975億円）で教育費の占める割合が、6,845億1,674万円（21.3％）と予算の

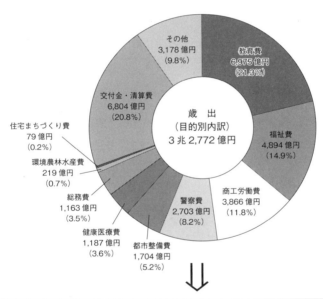

図4-5　大阪府の予算と大阪府教育委員会の予算
（出典：「平成28年度グラフで見る府税」）

五分の一を占めている。

そこで、大阪府教育庁の主要事業項目をあげておきたい。
① スクールエンパワーメント推進事業費
② 小中学校生徒指導体制推進事業費
③ 様々な課題を抱える生徒の高校生活支援事業費
④ 課題早期発見フォローアップ事業費
⑤ 高校における英語力の養成（骨太の英語力養成事業費・英語教育推進事業費）
⑥ 子どもの体力づくりサポート事業費
⑦ 府立高校学習環境改善事業費（トイレ改修）
⑧ 私立高等学校等生徒授業料支援補助金
⑨ 私立中学校等就学支援実証事業費補助金
⑩ 公私連携事業

大阪府教育委員会では、平成11年4月に「教育改革プログラム」を策定し、10年間の計画期間の下、学校改革や教育内容の改善などの」学校教育の再構築］と、学校・家庭・地域社会の連携による「総合的な教育力の再構築に向け、全国に先駆けた教育改革に取り組んできた。

一方で、学力面や生徒指導面のみならず、子どもたちの社会性や規範意識の低下など、依然として残された課題や新たに生起した課題も存在している。その後、「教育基本法」の改正と「学習指導要領」の改訂などがあった。

これらの動きを踏まえて、"大阪府学校教育審議会"からの答申等をもとに取りまとめたのが、「『大阪の教育力』向上プラン」（平成21年1月28日策定）である。

このプランでは、大阪の子どもたちの学力をはじめとした様々な教育課題を踏まえ、子どもたちが将来にわたって社会において生きる力を養い、社会を支えていくために必要な力をはぐくんでいけるよう、今後10年間で予想される社会経済情勢の変化を見通した中で、大阪の教育が目指すべき方向について、「大阪の教育力」を高める「3つの目標」と「10の基本方針」「35の重点項目」を取りまとめ、併せて、今後5年間の具体的取り組みを示している。詳細については、大阪府の「大阪の教育力」向上プランをサイトで確認してほしい。大

阪府以外の大学の学生諸君は、それぞれの大学の所在地の都道府県の教育委員会のHPをインターネットで開いて見比べてほしい。

4．今後の教育行政の在り方

　本著の前に編著（『次世代の教育原理』）した時期に、大津市立中学校2年生の男子生徒（当時13歳）が飛び降り自殺したことで、男子生徒の遺族が大津市などを相手取り損害賠償を求めた訴訟問題が、テレビ・新聞等のマスコミに大きく取り上げられた。

　この問題では、いじめに関する調査や情報公開の不十分さなど、教育庁を筆頭に大津市教育委員会及び中学校の教職員の対応のまずさが浮かび上がってきた。

　大津市教育委員会の最高意思決定機関である定例会が平成23年の11月と12月に開催され、そこでいじめの報告がされているにもかかわらず、委員からの意見や質問は一切なかったことが議事録で明らかになっている。本来教育委員は、そこにメスを入れるのが仕事だが、これでは身内をかばい合っていると世間から見られてもいたしかたない。

　前述したことであるが、教育委員会は制度上、自治体の教育行政の最高責任を負うが、教育長以外の首長に任命された5人の教育委員で構成されることが原則となっている。教育長以外の委員は、非常勤で、形骸化も以前から指摘されている。この大津市教育委員会の例から見ても、現行の教育委員会制度が機能していない象徴例でもある。

　最近、教育委員会の教育長および教育委員を公募制を採用する地方公共団体が増加している。平成12年4月以降、教育委員〔教育長候補者を除く〕の公募は、7団体が実施。教育長候補者の公募は12団体が実施している。

　最近の事例では、平成24年11月に箕面市が教育委員3名を公募、大阪市は平成28年11月に応募要項を発表、平成29年4月には愛知県一宮市が公募している。

　募集要項を見てみると、該当都道府県市町村に居住していることや保護者であったり、定員のうちの1名のみであったり等の資格・定員枠が限定されてい

教育委員〔教育長候補者〕の公募	教育委員〔教育長候補者以外〕の公募
宮城県志津川町・福島県原町市・白河市・三春町・千葉県浦安市・東京都国立市・青ヶ島村・神奈川県逗子市・静岡県蒲原町・愛知県西春町・三重県朝日町・佐賀県西有田町	栃木県大平町・千葉県流山市・野田市・四街道し・東京都八王子市・多摩市・国立市

図4-6　教育委員〔教育長候補者・教育長候補以外〕の公募一覧

ることは、如何なものであろうか。筆者としては、教育委員の定員すべてを公募制にしたら、情意的な側面は排除されよう。

　かつて筆者は、アメリカのテネシー州ナッシュビル市の教育委員会を訪問したことがある。ナッシュビル市の教育長はキューバからの亡命者であり、教育委員は保護者から選出され、教育委員会の廊下には教育委員（保護者）の肖像写真が掲示されていた。日本の教育委員会制度は、アメリカの教育行政を参考に誕生したのであるが、約70年を経過した今、制度疲労を起こしているのではないだろうか。

　このような問題が生じる以前に、昭和53年ごろ教育委員の選任方法で東京都中野区において、その選任に対して区民投票を実施し、区長はその結果を尊重するという「教育委員準公選制」の実施を求める動きがあった。同区議会は違法であるとの見解をとった。その後、条例が改められ区民投票は4回実施されたが、平成7年1月に条例は廃止された。東京都中野区と同様に、大阪市高

図4-7　「アメリカ・テネシー州ナッシュビル市の教育委員会を訪問」（筆者は左）

槻市でも昭和59年7月に教育委員の準公選制と同趣旨の条例の制定を求める住民の直接請求がなされた教育委員〔教育長候補者〕の公募を、議会は拒否をした。

前述した大津市教育委員会の事例だけでなく、かつて某知事が現職の頃に教育委員会を「くそ教育委員会」と発言したことからも、「教育委員会不要論」がこの事件を契機に再燃されるのではないかだろうかと当時筆者は思ったものだ。教育委員会制度については、以前からその形骸化が指摘され、活性化論と廃止・縮小論が展開されてきた。

かつて2001年に埼玉県志木市の市長に就任した**保坂邦夫氏**は**『教育委員会廃止論』**(弘文堂 2005)を主張し、全国的に注目され教育分野において多くの改革を成し遂げてきた。

保坂氏の取組みの1つ目は、全国に先駆けて少人数学級実現への取組みであった。国が定める学級編成基準は1クラス40人(公立義務教育諸学校の学級編成及び教職員定数の標準に関する法律)であったが、保坂氏は埼玉県教育委員会に要望書を3段階に分けて提出をした。第1段階は、小学校1・2年生の学級編成を25人程度にし、そのための教員給与の半分を県で負担する内容であった。第2段階では第1段階の要望を拒否された場合、志木市で教員人件費を負担し県に同意をお願いするという内容であった。第3段階は、第1・第2段階の要望を拒否されても志木市単独で実施するが、そのことに対しての罰則があれば、事前に開示してほしいと要望した。その結果、志木市負担教員は学級担任にしないという条件で認められることになった。

2つ目の取組みは、不登校の児童生徒の自宅に先生を派遣するというホームスタディ制度(サクランボプラン)や社会に出てから再び勉強をしたくなった方への取組みとしてリカレント教室、市独自の学校経営協議会(文科省提唱の運営評議会を前進した者)などを実現させた。

一方、保坂氏は著書「教育委員会廃止論」の中で教育委員会の「必置規定」の廃止を問われたのであるが、その「廃止論」は教育委員会制度を継続するならば、しっかりと機能する制度であらねばならないと述べ、教育委員会の再生、申請を求めているのである。

筆者も、かつては教育行政の指導主事として市・府の教育委員会に勤務して

いた時に感じた現行の教育委員会制度の問題点として、文科省は自治体を「指導助言」するとしているが、実際には「命令」であり、理念と実態が乖離していることが挙げられる。

　また教育委員会は地方公共団体の首長から独立していると言いながらも、独自の財政権が与えられているわけでもなく、教育委員についても首長が議会の同意を得て任命している（任命制）。このように任命された教育委員（一般的に医師・大学教員・企業経営者などが多い）は、これでは教育委員が専門的技術立場から教育委員会事務局を指導できるのかはなはだ疑問である。

　保坂氏は、「教育委員会の委員長は『座長』、教育長は『事務長』で、どちらも責任者の立場ではない。市長は教育行政の独立の建前から責任者になれない。素人の合議制の教育委員会が、責任を負うことが出来るのか？」とのべていることに、筆者も同感である。筆者が校長であった8年間のうち教育委員が学校に視察（2人の教育長が来校したことはあったが）されたことはなかった。一般的に教職員も自分が所属する自治体の教育委員の顔と名前が一致することは、あり得ないことである。このことからも、教育委員の存在価値についてもっと議論すべきである。

　さらに言えば、文科省のトップの大臣も政党に所属する政治家であり、部下の政務三役（副大臣・大臣政務官・文部科学審議官）についても、政権によっては団体代表者が文部科学省の中枢を担う可能性もあり、教育の中立性を必ずしも担保することができない。

　教職課程で学ぶ学生は、常に日本の教育行政中心である中央の文科省や地方の教育委員会の教育政策を、教員採用テストのためだけに学ぶのではなく、大学生活の4年間関心を持ち続けることを願い、この章を閉じることにしたい。

学習課題

（1）教育行政の定義について、まとめてみよう。
（2）日本の教育行政と欧米の教育財政を比較して、日本教育財政は果たして健全なのか、資料を検索・収集してまとめてみよう。
（3）文科省と都道府県教育委員会の所掌事務と権限についてまとめてみよう。
（4）教育委員会と教育委員の存在価値について、自分の考えを纏めてみよう。
（5）この章のなかに記載されている、教育関係の法規について、各自で目を通しておこう。

【参考文献】
黒崎勲『教育行政学』岩波書店　1999
神田隆編著『教育法と教育行政の理論』三省堂　1993
平原春好『教育行政学』東京大学出版会　2006
名和弘彦編著『教育行政法』福村出版　1982
高橋靖直『教育行政と学校・教師』玉川大学出版部　2004

第5章

教育課程と教育方法

　本章では、教育課程を、その意義、編成方法とそのあり方から述べている。また、教育方法については、読者であるみなさんが実際に教職についた際に役立つように、教師がどのような授業を目指していくべきなのかということを重視して述べている。そのため、本章では、「教育評価への正しい理解」「今、求められている授業のあり方」「児童・生徒理解」の3つの観点から教育方法を述べている。

　本章は、子どもたちに確かな学力、生きる力を育むためには、重要な内容を取り上げた章になっている。読者のみなさんの主体的で積極的な学びを期待し、そのお役に立つことができれば幸いである。

1．教育課程とは何か

　将来教師になることを目指して、本章で学んでいるみなさんは、これまでの学校生活でどのようなことをどのように学んできただろうか。実は、学校の授業をとおして学習する知識や技能等は、きわめて計画的に取捨選択され、配列されているのである。学校教育の目的・目標を達成するために、各学校が組織・配列した教育内容の全体計画は教育課程と呼ばれている。教育内容は、文化の様々な領域や人間の様々な活動から選択されており、児童・生徒の心身の発達に応じて、また授業時数にも配慮しながら組織されている[1]。

　では、教職を目指すにあたり、なぜ教育課程を学習する必要があるのだろう。教える内容が何のために、どのように組み立てられているのかをおさえておけば、1時間の授業をどのように計画して進めたらよいのか、より分かるようになるだろう。さらには、授業ごとのつながりがどのようになっているのか、さらには、学習内容が教科を超えて、どのように関連しているのか、こうしたことをおさえておくことで、児童・生徒が何をどのように学び、それらをどのように受け止めるのか、といった児童・生徒の学習経験に寄り添った授業ができるようにもなるだろう。そのため、教育課程を学ぶことは重要なのである。

　ただし、教育課程といっても、何を目指して、何がどのように組み立てられているのか、ということに応じて様々なパターンがある。唯一の正解があるわけではなく、これまで時代や状況に応じて様々な提案がなされ、実施されてきた。教育についてこれまでに学習してきたこととも照らし合わせながら、教育課程について学んでいこう。なお、教育課程とよく似た言葉にカリキュラムがある。カリキュラムは「走る」を語源にもち、もともとは、「トラック（走路）」を意味していた。今日では、「学びの経験の総体」や「学びの履歴」という意味で用いられている[2]。教育課程とカリキュラムは同じような意味で使われることもあるが、厳密にはカリキュラムの方が表す内容の幅が広い。

2. 教育課程の編成原理

(1) 教科カリキュラム

　教育課程は、その編成の特徴に応じていくつかのタイプに分けることができる。まず取り上げるのは、教科カリキュラムである。教科カリキュラムは、教育内容を組織するときに、教科の体系を主軸とするカリキュラムのことである[3]。教科カリキュラムでは、児童・生徒は系統的に学習を進めることができる。決められた学習内容を取りこぼすことなく学習することで、学習内容を積み上げていくことができる。

　歴史上、まず登場したのは、この教科カリキュラムであるといえるだろう。古くは、古代ギリシャのプラトン（Platōn, 前428/427 − 前348/347）がアテナイに開いた学校であるアカデメイアのカリキュラムに、教科カリキュラムの原型を見ることができる。古代ギリシャにおける教育内容は、ローマ、そして中世のヨーロッパへと引き継がれ、法学、医学、神学を学ぶための基礎科目として位置づけられるようになる。七自由科と呼ばれた科目内容は、文法・修辞・論理学の三学と算術・幾何・天文学・音楽の四科から構成されていた。この七自由科は教会附属学校における教育内容として広くヨーロッパ中で教えられていた。七自由科はやがて、大学への進学準備教育として中等教育を行う学校における教育内容へと受け継がれていくことになる。今日の学校教育にもつながる近代的な学校教育制度が整えられるときには、教科カリキュラムが取り入れられたのである。

　教科カリキュラムは、教えるべき内容を過不足なく編成し、順序良く教えることができるという点で優れており、今日の学校教育にも受け継がれている。だが、教科カリキュラムでは、教師による一方的な教え込みにつながりかねなかったり、画一的な教育が行われかねないという一面もある。

(2) 経験カリキュラム

　教科カリキュラムとは対照的なのが、経験カリキュラムである。経験カリキュラムは児童・生徒の興味や関心を出発点として生活経験を据え、現実の問

題解決の活動を主軸として編成するカリキュラムのことである[4]。より具体的には、コア・カリキュラムがある。コア・カリキュラムは、生活のなかの問題解決を学習する「中心過程」と、これに必要な基礎的な知識や技能を学習する「周辺過程」から組み立てられる。「周辺過程」は、各教科によって構成される。これに対して教育内容を教科として教えることを認めず、児童・生徒の興味・目的から出発する総合的な単元で構成されるのが経験中心カリキュラムである。とくに、アメリカのキルパトリック（William Heard Kilpatrick, 1871-1965）が提唱したプロジェクト・メソッドは、経験カリキュラムの代表である。

　経験カリキュラムは、歴史上、教科カリキュラムの課題を克服するための、新たなカリキュラムのあり方を示したものであった。近代的な学校教育の制度が整えられて以降、教科カリキュラムの問題点が指摘されるようになった。そこで登場したのが経験カリキュラムである。アメリカの進歩主義教育運動や日本の大正新教育の運動には、この経験カリキュラムの特徴をみることができる。経験カリキュラムは、児童・生徒の生活に即した学びをうながすことができる一方で、学習が断片的・個別的なものになりかねなかったり、基礎学力が低下しかねないという批判がなされてきた。

3．日本における教育課程の歴史

（1）明治期の教育課程

　教育課程が実際にどのように移り変わってきたのかをみていこう。江戸時代の日本では豊かな学びの実践こそ、行われていたものの、今日の学校で使われるような教育課程は存在しなかった。庶民の子どもは、手習い塾（寺子屋）と呼ばれる場で、読み・書き・算術の手ほどきを受けた。さらに、往来物と呼ばれる書物が広く流通し、農業や商業、職工に関する知識を学ぶことができたのである。武士の子どもの多くは、藩が設立した教育機関である藩校で儒学のテキストをもとにして個別学習を行った。知識を得ることはもちろんのこと、武士としてふさわしい態度や振る舞い方をも学んだのである。江戸時代には、それぞれの職業に応じた学びの機会や環境があった。

　明治時代に入り、新しく設立された政府は、富国強兵や殖産興業の政策を

とった。こうした政策の実現を人材供給の面で支えたのが学校教育であった。江戸時代には、文化や習慣はおろか、話し言葉も職業や地域によってまちまちであった。多くの人が集まる会社や工場、軍隊で文化や習慣、言葉が異なっていては、意志疎通は難しくなってしまうし、無用ないざこざも起きてしまいかねない。こうした事態を未然に防ぎ、諸政策を遂行するために、注目されたのが教育だった。1872（明治5）年に「学制」が発布された。これにより、江戸時代に全国の様々な地域で個別に行われていた学びを、全国で標準化した内容に統一して、新しく設立した学校で行うことになったのである。全国のすべての地域で、政府が計画した教育内容は、当初、教師による一斉の指示や発問によって教えられた。

　明治期の教育課程は、西洋諸国の教育課程を参考にして作られた。「学制」で示された小学校の教科は、下等小学で「綴字、習字、単語、会話、読本、修身、書牘、文法、算術、養生法、地学大意、理学大意、体術、唱歌」（ただし唱歌は「当分之ヲ欠ク」とされた）であった。上等小学では、「史学大意、幾何学罫画大意、博物学大意、化学大意」が加えられている。文部省は、教科を教えるための細則である「小学教則」を出したが、教科の内容はあまりに高度であり、一般の小学校で教えることができるようなものではなかった。そこで、東京師範学校が、1873（明治6）年に「小学教則」を出し、これが全国へと普及した。下等小学の教科は、「読物、算術、習字、書取、問答、復読、体操、作文」とされ、上等小学の教科は、「読物、算術、習字、輪講、暗記、作文、罫画、体操」とされた[5]。

（2）大正新教育の教育課程

　1912年に大正時代に入ると、護憲運動や選挙権の拡大を求める普通選挙運動が行われるようになる。このような民主主義を求める運動、すなわち、大正デモクラシーの雰囲気の中で教育にも新たな動きがあった。

　画一的な教育課程が教えられていた明治時代以降の学校教育に対して、諸外国の教育改革の運動にも影響を受けながら、新しい教育の考え方が生み出され、実践が行われるようになる。これは大正新教育（大正自由教育）と呼ばれている。大正新教育を先導したのは、成城小学校、自由学園、玉川学園、明星学園、

池袋児童の村小学校等の私立学校や、師範学校の附属小学校等であった。例えば、成城小学校では総合的な学習である特別研究が行われた。奈良女子高等師範学校附属小学校では、複数の教科を合わせて、子どもの興味・関心に応じた総合的な学習を行う合科学習が取り入れられた。大正新教育の実践は、私立学校や附属学校のほか、県当局や郡当局の理解、また附属学校の協力を得た公立の小学校においても地域の課題を背景にしながら行われていた[6]。

（3）戦時下の教育課程

1931（昭和6）年の「満州事変」を受けて、戦時体制への移行が進められていく。1941（昭和16）年の「国民学校令」を受けて小学校は国民学校となり、総力戦へ向けた教育が行われた。軍国主義の教育が徹底されたのである。大正新教育の実践も、戦時体制下での教育へと吸収されていく。例えば、形式としては合科学習の方法が受けつがれたが、その内容は、皇国民を錬成するものとなっていった。教科は、皇国民に必要な資質に対応するように、「国民科」、「理数科」、「体錬科」、「芸能科」、「実業科」（高等科のみ）へと統合された。学校行事も皇国民を錬成するための道場とされていくことになる。

4．戦後日本における教育課程の歴史
―― 学習指導要領の変遷を中心に ――

（1）経験主義の教育課程

戦争が終わり、教育は再出発をした。戦後の教育課程は、経験主義・児童中心主義の教育課程から始まった。この教育課程は、戦時中の教育への反省に基づき、子どもの生活経験を重視したうえで教育課程を編成するものであった。ドイツのイエナ・プランや、デューイ（John Dewey, 1859 - 1952）らを理論的支柱とするアメリカの進歩主義教育が盛んに研究され紹介された。教師らが自ら教育課程を研究し、実施するカリキュラム運動が行われたのもこの時期の特徴である。桜田プラン（東京都）や明石プラン（兵庫県）といったコア・カリキュラム運動や、本郷プラン（広島県）や川口プラン（埼玉県）といった地域教育計画型の運動が行われた。この時期には、文部省から教育課程編成の手

引きとして最初の学習指導要領が出されている。

1）1947（昭和22）年学習指導要領

最初の学習指導要領は、1947（昭和22）年に、アメリカのコース・オブ・スタディを参考にして出された。戦前の小学校の教授要目や中学校の教授細目に変わる教育課程編成の手引きであった。そこには、次のような特徴があった。軍国主義の色合いや自国中心の歴史観が見受けられた戦前の修身、日本歴史、地理を廃止し、新たに社会科が設けられた。社会的な態度や能力を養うことが目標とされていた。戦前に女子だけに課されていた裁縫や家事に代わり、男女が共に学ぶ家庭科が設けられた。家庭科は、生活の向上を図る態度や能力を養うことを目標としていた。また、新たに自由研究が設けられ、小学校4年生以上の児童を対象としてクラブ活動が行われた。

2）1951（昭和26）年改訂学習指導要領

1947（昭和22）年の学習指導要領は、戦後のわずかな期間で出されたために、教科間の連携が不十分であるなどの問題があった。そこで1951（昭和26）年に学習指導要領は全面的に改訂された。この学習指導要領には、次のような特徴がみられた。教科が4つの経験領域に分けられ、割り当てる時数の比率が示されたのである。その領域とは、教科の学習の基礎となる教科（国語、算数）、社会や自然についての問題解決を図る教科（社会、理科）、創造的な表現活動を行う教科（音楽、図画工作、家庭）、健康の保持増進を図る教科（体育）であった。家庭科は内容が整理されたが、引き続き設けられた。また、毛筆習字が国語の一部に位置づけられ、小学校4年生から学習することになった。

（2）系統主義の教育課程

この時期には、朝鮮戦争（1950－1953年）やベトナム戦争（1955－1975年）が起きるなど、アメリカとソビエト連邦（ソ連）をそれぞれの陣営のリーダーとした東西冷戦が激しくなっていた。東西の競争は科学技術の領域にも及んでいた。1957（昭和32）年にソ連が世界で初めての人口衛星の打ち上げに成功したことは、アメリカを中心とする西側諸国に衝撃を与えた（スプートニク

ショック)。こうした社会の出来事を背景に、当時の科学の最新の成果を踏まえた教育課程の刷新運動である、教育の現代化が行われた。とりわけ、アメリカの心理学者ブルーナー（Jerome Seymour Bruner, 1915 – 2016）による『教育の過程』はアメリカや日本など西側諸国の教育課程に大きな影響を与えた。ブルーナーは、各教科には固有の構造があり、児童・生徒もまた、科学者が行う探究的な活動と質的に同じ活動を通じた学習ができるという「発見学習」を提唱した。この時期の教育課程は系統主義・学問中心主義の教育課程として特徴づけることができる。

　日本においても授業の実際や教材作りの観点から系統主義の教育課程を提案する試みが行われた。算数科では、遠山啓（とおやまひらく）（数学教育協議会）が、「一般から特殊へ」という体系的な「水道方式」の教材や授業を提案した。理科では板倉聖宣（いたくらきよのぶ）（当時、国立教育研究所、仮説実験授業研究会を設立）が仮説を立てて、討議を行いながら実験によって仮説の検証を行う「仮説実験授業」を提案している。

1）1958（昭和33）年改訂学習指導要領

　1958（昭和33）年改訂の学習指導要領は法的拘束力をもつ告示として出された。小学校の教育課程は、各教科、道徳、特別教育活動、学校行事から編成された。内容面では、教科の系統性が重視され、とりわけ、科学技術教育を推進するために、算数科や理科の内容が充実させられた。道徳の授業を行う道徳の時間が特設されたのも、この時期の学習指導要領の特徴である。

2）1968（昭和43）年改訂学習指導要領

　この時期には、高度経済成長を背景として生活水準の向上や文化の発展がみられた。1968（昭和43）年改訂の学習指導要領では、人間形成の上から調和と統一のある教育過程の実現が図られた。基本的な知識や技能の習得、健康や体力の増進、正しい判断力や創造性、豊かな情操や強い意志の素地を養ったり、国家および社会についての正しい理解と愛情を育てることが目指された。小学校の教育課程は、国語、社会、算数、理科、音楽、図画工作、家庭および体育の各教科、道徳並びに特別活動によって編成されることになった。

（3）知識・技能と思考・経験のバランスを取る教育課程

1972（昭和47）年ごろから授業についていけない「落ちこぼれ」問題が取り上げられるようになった。また、校内暴力やいじめ等、青少年の問題行動が社会的な関心を呼ぶようになったのもこの時期の特徴である。これまで以上に、子どもの状況に配慮した教育課程づくりが求められるようになった。

1）1977（昭和52）年改訂学習指導要領

それまでの学校教育が知識の伝達に偏りがちであったことの反省にたち、児童・生徒の知・徳・体の調和のとれた発達をいかに図るのかが課題とされた。1977（昭和52）年改訂の学習指導要領では、①人間性豊かな児童・生徒を育てること、②ゆとりのあるしかも充実した学校生活が送れるようにすること、③国民として必要とされる基礎的・基本的な内容を重視するとともに、児童・生徒の個性や能力に応じた教育が行われるようにすることが目指されたのである。学校の教育活動にゆとりがもてるように各教科の授業時間が削減されるとともに、各学校の創意を生かした教育活動が行えるようになった。この時期の学習指導要領は、「ゆとりと充実」として特徴づけられる。

2）1989（平成元）年改訂学習指導要領

この時期には、科学技術の進歩や経済の発展が著しく進むとともに、情報化、国際化、価値観の多様化等、社会の変化が大きくなっていた。こうした社会の状況を踏まえ、生涯学習の基盤を培うという点が重視された。教育活動全体をとおして、豊かな心をもち、たくましく生きる人間の育成が目指された。小学校1年生と2年生の理科と社会が廃止され、生活科が新設された。各教科では、思考力・判断力・表現力の育成や問題解決的な学習が推奨されることになった。

3）1998（平成10）年改訂学習指導要領

1998（平成10）年改訂の学習指導要領では、「ゆとりの中で生きる力をはぐくむ」という方針が打ち出された。完全学校週5日制が導入されるとともに、教育内容の厳選（約3割削減）が行われた。教科横断的な学習、総合的な学習、

児童の興味関心に基づく学習を行うために、小学校3年生以上に「総合的な学習の時間」が創設された。コンピュータや学校図書館の活用が図られるようになったのもこの時期の学習指導要領の特徴である。

4）2003（平成15）年一部改正学習指導要領

教育内容を削減した1998（平成10）年改訂の学習指導要領に対しては、学力の低下に対する懸念が社会で大きく取り上げられることになった。そこで、学習指導要領が一部改正され、教育内容の充実や授業時数の増加が打ち出された。また、学習指導要領は最低基準であることが示され、それ以上の内容を学校で教えることができるとされた。生きる力（確かな学力、豊かな心、健康・体力）を育成する主旨は徹底された。

5）2008（平成20）年改訂学習指導要領

2008（平成20）年の学習指導要領改訂は、2006（平成18）年の教育基本法の改正や2007（平成19）年の学校教育法の改正を受けて行われた。現代の社会の特徴を知識基盤社会としてとらえ、この中で生きる力を育むことを目指したのである。特に、確かな学力の内実が整理され、①基礎的・基本的な知識・技能、②思考力・判断力・表現力、③主体的に学習に取り組む態度とされた。各教科を通じて、記録、説明、論述、討論といった言語活動を充実させることが図られた。また、国際化を背景として小学校5年生と6年生に外国語活動（英語）の時間が導入された。

5．新学習指導要領の骨子
―――「資質・能力」と教科の「見方・考え方」（教科の本質）―――

日本の教育を取り巻く状況は絶えず変化している。少子高齢化が進む中で社会を支える働き手が減少したり、グローバル化の進展や絶え間ない技術革新により、予測が困難な時代を迎えている。人工知能（Artificial Intelligence: AI）やInternet of Things: IoTの進歩により、人びとの暮らしや働き方が大きく変わりつつある。

こうした状況のなかで、2017（平成29）年3月に、小学校と中学校の学習指導要領が改訂された。小学校では、2020年から、中学校では、2021年から新学習指導要領が全面実施される。高等学校は、2017（平成29）年度中に新学習指導要領が示され、2022年から年次進行で実施される。

この学習指導要領は、グローバル化や情報化といった社会の変化、さらにいじめ等の社会問題を反映した内容の変更が特徴的である。例えば、小学校の外国語活動は、これまでは小学校5・6年生に配当されていたものが、小学校3・4年生へと学年を下げて実施されることになった。5・6年生では、新たに外国語が教科として位置づけられた。また、プログラミングの体験を含む、情報活用能力を育成する教育が目指されている。なお、全面改訂に先立つ2015（平成27）年3月には、小学校と中学校の学習指導要領の一部が改正され、これまで道徳の時間として実施されてきた特設道徳が、新たに「特別の教科 道徳」として位置づけられた。

様々な変更が行われた新学習指導要領だが、学習指導要領全体をつらぬく変更点として注目されるのは、資質・能力を重視した学習指導要領へと舵を切ったことである。前回の学習指導要領では、学力の三要素とされていた「基礎的・基本的な知識及び技能」「思考力、判断力、表現力」「主体的に学習に取り組む態度」が、新たに資質・能力の3つの柱として位置づけ直された。すなわち、「知識及び技能」「思考力、判断力、表現力等」「学びに向かう力、人間性等」となった。これに伴い、各教科の目標は、資質・能力の3つの柱に対応するように、育成すべき資質・能力を明確にしたものとなっている。

今回の改訂は各教科にも、それぞれの教科の独自性や意義、教育課程全体の中での位置づけに再考を迫っている。これまでにも各教科で学ぶ意義は、民間教育研究団体の教育実践や研究の成果をもとにして「教科の本質」として表現されてきた[7]。新学習指導要領においても、「各教科等の特質に応じた物事を捉える視点や考え方」（「見方・考え方」）として各教科で学ぶ意義や内容が再検討されている。学習指導要領全体をつらぬく基本方針である「資質・能力」と教科ごとの「見方・考え方」（教科の本質）がどのように関連づけられ、具体的な実践として行われるのか、が問われている[8]。さらには、主体的・対話的で深い学びの実現に向けた授業改善が求められるなど、授業の仕方にも、再

考が迫られている。

6．教育方法の原理

（1）教育的タクト

　児童・生徒を前にしたとき、実際にどのように教育を行えばよいのだろうか。教育方法について学ぶことは、教師を目指すうえで欠かすことができないことである。教育方法というと、発声の仕方や板書の仕方等、個別の方法や技術がまずは思い浮かぶのではないだろうか。たしかに個別の方法や技術は、児童・生徒への指導をうまく行うためには欠かせない。だが、教育方法が意味することは、個別の方法や技術にとどまらない。教育方法が意味することは、学習指導、生徒指導や生活指導、さらには学級経営にまで及ぶ。教育の方法や技術はこうした幅の広がりをもつものなのである。

　さらに教育の方法や技術は、例えば、実際に教育にあたって、なぜそのような方法や技術を行うのか、子どもがどのように育つことを願い、どのような教育を行うべきなのか、という教育の目的や目標とも深く関係している。したがって、教育の方法や技術は、質の深さをも伴うものなのである[9]。

　では、実際に教育の方法や技術はどのように磨いていけばよいのだろう。その答えは、教育方法に関する知の蓄積、つまり学問の成果に学ぶことと、実践を積み上げるなかで、方法や技術を磨いていく、というものである。教育は子どもを前にして行う実践的な営みであり、ときに即興的な対応が求められる。だが、ただ経験を積み上げることでは、その経験が適切なものなのかどうかの判断はしにくいし、新たな視点を得る機会も限られてしまう。その一方で、学問の成果だけを学び、一向に実践を行わなければ、教育の方法や技術を磨いていくことは難しい。両者をとおして、教師としての実践的な力量がついていく。このような教師としての実践的力量のことを、ドイツの教育学者であるヘルバルト（Johann Friedrich Herbart, 1776 – 1841）は、教育的タクトと表した[10]。

（2）学級における教授方法

　教師が、児童・生徒の指導に多くの時間をあてるのは、授業である。授業は、

多くの場合、教室で学級を単位として行われる。学級で教えることの意義を見いだした人にコメニウス（Johann Amos Comenius, 1592 – 1670）がいる。コメニウスは、「あらゆる人に、あらゆることを全面的に」教えることを主張した。この理念を実現しうるのが、学級で教えることだったのである。貧富、身分、性別、障害の有無に関係なく、「あらゆる人に」、教育内容の差を設けることなく、「あらゆることを」教えることの重要性が主張されたのである。

　学級での授業には大きく分けると、一斉授業、小集団学習、個別学習等の方法がある。一斉授業は、学習集団の全体に対して教師が行う指導を指している。同一の教授内容を一律に教えることに適した指導方法であるといえる。教科の内容を効率よく教えることに適している。教師の力量があれば、児童や生徒の積極的な授業への参加を促し、小集団学習や個別学習では、行うことが難しいダイナミックな学習を行うこともできるだろう。

　その一方で、一斉授業は、教師による一方的な教え込みにつながったり、児童・生徒の学習が受動的なものになりやすいことも指摘されてきた。こうした一斉授業が陥りやすい欠点を補うのが、小集団学習や個別学習である。

　小集団学習では数名の児童・生徒を単位として学習を進めていく。児童・生徒に意見や疑問を出させることで、児童・生徒同士の学び合いが期待できる。また、調べ学習でも、小集団学習を行うことで、より効果的な学習が期待できる。

　個別学習は、児童・生徒一人ひとりの関心や準備状況に応じた学習をデザインし、指導するものである。児童・生徒一人ひとりの進度に寄り添いながら学習を進めることが期待されるが、学習集団全体としてどのような学習を進めていけばよいのか、ということが問われるし、学習のデザインや評価を行う教師には、相応の労力や時間が必要ともなる。

　小集団学習や個別学習を取り入れて、児童・生徒の実態に応じた学習をデザインし、指導することで、学級で教えることは様々な可能性に開かれていく[11]。

（3）児童・生徒の理解

　授業を行うには、児童・生徒理解が欠かせない。これから授業に臨む児童・生徒はそれまでに何を学び、何ができるようになっており、何に課題があるの

か。また、どのようなことに興味・関心をもっているのか。集団としての雰囲気はどのようなものか。こうしたことを事前に知っておくことは、授業をデザインし、行うための基礎的な条件となる。

　授業は、成長する児童・生徒、そして学習集団と向かい合って行われる。そのため、児童・生徒をよく理解することが大切である。だが、児童・生徒を理解することは、事前にある程度行うことができたとしても、実際に児童・生徒に向き合って授業をしなくては分からないことも多い。たとえ、同じ児童・生徒、学習集団であっても、教科によって、教師によって、また時間によってその対応は異なるかもしれない。そのため、児童・生徒理解は固定してしまうのではなく、常に更新できるようにしておくことが必要となるだろう。

（4）授業目標の設定

　これから行おうとしている授業の目標はどのようなものなのか、何を目指し、何を行うのか、こうした授業目標は、教科・科目、単元等によってある程度決まっていることもあれば、教師に大幅な裁量が与えられることもある。だが、あらかじめ決められた授業目標をそのままなぞるのではなくて、一度吟味し、自分自身の言葉で表現し直してみることが必要だろう。教える立場から授業の目標を理解しているかどうかが問われるし、授業目標と関連した内容を構想し、教えることができるか、ということもまた問われるからである。

（5）教育内容と教材開発

　多くの授業では、その授業で一番教えたいことを授業目標として設定する。そのうえでどのようなことを教えるのか、という教育内容の設定を行う。さらには、その教育内容をどのような素材で教えるのか、という教材の設定を行う必要もある。教育内容の教材化については、大きく分けて2つの方法がある。

　教育内容を教材化する1つの方法は、教育課程体系に基づく教材開発である[12]。これは、系統的な教育内容と関連づけながら行う教材化である。いわば上からの道である。体系的に授業を行うことができる一方で、1つの教育内容の体系があまりに強く働き、それ以外の可能性を閉ざしてしまいかねないという面もあわせもっている。

教育課程体系に基づく教材開発とは異なる方法が、素材の教材化である[13]。これは、教師が自由な発想で教材を開発することで、教材のおもしろさから、児童・生徒の関心を引きだして授業を改善しようとするものである。いわば、下からの道である。素材の教材化では、授業がおもしろいものとなったり、児童・生徒が多面的にものごとを考えることができるようになる。だが、その一方で、ときに系統性に欠ける場合がある。実際に授業を行うにあたっては、教科や科目、単元に応じて、教材化を工夫することが求められるだろう。

(6) 教育評価の方法

　児童・生徒の学習の状況や成果を測定し、学習活動を点検したり、改善する活動のことを教育評価という。教師が評価を行うことで、学習集団全体の中で児童・生徒が置かれた順位（相対的な位置）が明らかとなるし、評価に基づく助言は、児童・生徒が次の学習をよりよく進めるきっかけにもなろう。

　教育評価には大きく分けると2つの考え方がある。それが相対評価と絶対評価である[14]。相対評価は、児童・生徒の学習の達成度が、ある一定の集団の中でどのくらいの位置にあるのかを示すことを目指して行われる評価である。主として客観的なテストによって測られ、点数が出されることで順位が出されたり、偏差値が算出されたりする。入学試験など、限られた数の入学者を選抜する際の試験は、主に相対評価の考え方をもとにしている。だが、相対評価では、ある集団内の順位はわかっても、児童・生徒が自らの学習を振り返ったり、次の学習をするための手がかりを得にくいという問題がある。相対評価とは異なる評価が絶対評価である。絶対評価はある特定の基準に基づいて行う評価である。絶対評価として行われる評価に到達度評価がある。これは、あらかじめ示された到達目標に対して、児童・生徒が達成することができたかどうか、という点に着目して評価が行われる。一人ひとりの児童・生徒の学習の状況に着目し、その変化や成長を重視した評価である。

【注】
1）天野正輝「教育課程の構造」日本教育方法学会編　2004年　p.169
2）佐藤学「教育方法学の基礎概念」日本教育方法学会編　2014年　p.29
3）天野正輝「教科カリキュラム」日本教育方法学会編　2004年　p.170
4）天野正輝「経験カリキュラム」日本教育方法学会編　2004年　p.175
5）橋本美保「日本における教育改革と教育方法の歴史」田中・鶴田・橋本・藤村　2012年　pp.48-49
6）鈴木和正　2014年
7）吉田成章「なぜ教科で学ぶのか」小川佳万・三時眞貴子編著　2017年　pp.37-52
8）深澤広明「はしがき」日本教育方法学会編　2017年　p.3
9）深澤広明「教えることの『技術』と『思想』」深澤編著　2014年　p.10
10）深澤広明「教えることの『技術』と『思想』」深澤編著　2014年　pp.11-13
11）熊井将太「学級で教えることの思想と実践」深澤編著　2014年　pp.21-40
12）池野範男「教材開発アプローチ」日本教育方法学会編　2009年　pp.37-45
13）池野範男「教材開発アプローチ」日本教育方法学会編　2009年　pp.45-49
14）西岡加名恵「絶対評価と相対評価」日本教育方法学会編　2004年　p.358

> 学習課題

（1）社会の変化を辿りながら、教育課程がどのように変化してきたのか、ノートに整理をしてみよう。
（2）2017（平成29）年に示された新学習指導要領のなかで、資質・能力が各教科のなかでどのように示されているか、表にまとめてみよう。

【参考文献】
小川佳万・三時眞貴子編著『『教育学』ってどんなもの？』協同出版　2017年
鈴木和正「公立小学校における『大正新教育』実践の地域史的研究」（広島大学大学院教育学研究科博士学位論文）2014年
鈴木由美子編著『教育課程論』協同出版　2014年
田中耕治・鶴田清司・橋本美保・藤村宣之『新しい時代の教育方法』有斐閣　2012年
日本教育方法学会編『現代教育方法事典』図書文化　2004年
日本教育方法学会編『日本の授業研究―Lesson Study in Japan―』（下巻 授業研究の方法と形態）学文社　2009年
日本教育方法学会編『教育方法学研究ハンドブック』学文社　2014年
日本教育方法学会編『学習指導要領の改訂に関する教育方法学的検討―『資質・能力』と『教科の本質』をめぐって―』図書文化　2017年
深澤広明編著『教育方法技術論』協同出版　2014年
文部科学省『幼稚園教育要領』2017年
文部科学省『小学校学習指導要領』2017年
文部科学省『中学校学習指導要領』2017年

生徒指導と教育相談

　生徒指導と教育相談の対立関係は、多くの学校において見られてきたといってもよい。特に、生徒指導部と教育相談部を別々に校務分掌に位置付けている学校に多いといわれている。筆者は、大学の授業で「母性と父性の心理・社会学」という科目を2年間担当したことがある。ここでいうと、「母性」＝「教育相談」、「父性」＝「生徒指導」の式が成り立つ。この授業のねらいは、「教育の現場における母性機能と父性機能について、生徒指導と教育相談という視点から考えていく。将来教師となる自分自身の母性・父性のバランスを知り、教育場面での様々な事態への対応を考えることを通して、教師としての立脚点を見いだしていく」と言うもので、学生にも大変人気のある科目であった（毎回150名前後の学生が選択し、学生授業アンケート評価結果も4段階評定で、平均得点が、3.8を超えていた）。つまり、生徒指導は父性原理、教育相談は母性原理にそれぞれ依拠している。母性も父性も、生徒指導も教育相談も、どちらかに偏ることなく、バランスを図ることが大切なのである。したがって、これからの生徒指導にあっては、教育相談を活かした生徒指導の展開をこそ目指すべきで、そのためには、子どもたちの問題行動を予防するためにも、開発的カウンセリングに精通することが大切である。

1. 生徒指導と教育相談の関係

　学校現場でよく聞かれるのは、「生徒指導と教育相談の対立」である。つまり、生徒指導の立場からは、「教育相談は甘やかしすぎる」の指摘である。一方、教育相談の立場からは、「生徒指導は厳しすぎる」の批判である。
　そもそも、教育相談は、昭和30年代に、生徒指導の一環として導入が図られた経緯がある。児童生徒の問題行動が多様化、深刻化している現況にあっては、教育相談の考え方を活かした生徒指導の重要性がますます強調されなければならないと考える。
　生徒指導とは、「一人一人の児童生徒の人格を尊重し、個性の伸長を図りながら、社会的資質や行動力を高めることを目指して行われる教育活動」（文部科学省「生徒指導提要」2010）と定義されている。また、古くは「人間の尊厳という考え方に基づき、ひとりひとりの生徒を常に目的自身として扱う。それは、それぞれの内的価値をもった個人の自己実現を助ける過程であり、人間性の最上の発達を目的とするものである」（文部省「生徒指導の手引き」1965）としている。
　一方、教育相談については、「児童生徒それぞれの発達に即して、好ましい人間関係を育て、生活によく適応させ、自己理解を深めさせ、人格の成長を図るもの」（文部科学省「生徒指導提要」2010）と定義される。
　すなわち、教育相談は生徒指導の一環として位置付けられ、生徒指導の実際にあっては、中心となって機能するものでなければならないのである。子どもたちの心身の健全な発達のために、両者は相補的に機能し合うことが何より大切なのである。

2. これからの生徒指導

　毎日の新聞紙上を見るまでもなく、現在の学校における生徒指導上の諸問題は、極めて多様化し、また深刻化した状況にある。これらへの対応については、対症療法的な指導や援助は当然必要であり、大切なことではあるが、より予防

的、開発的な教育活動の展開が望まれる。構成的グループエンカウンター、ソーシャルスキルトレーニング、ピアサポート、ストレスマネジメント教育等の活用が学校現場に切望されているのである。また、学級の実態把握のためには、Q-Uテストが効果的である。

　これらを活用した、生徒指導の展開例として、その年間計画を表6-1に示した。開発的カウンセリング技法である、構成的グループエンカウンター、ソーシャルスキルトレーニングや、学級集団の現状を把握できる心理テストQ-U（QUESTIONNAIRE-UTILITIES：楽しい学校生活を送るためのアンケートQ-U、図書文化社）を活用し、教育相談を活かした生徒指導の実践を年間を通して実践できるので、是非参考にしてほしい。

　今、筆者は、学級崩壊をしたクラスで授業をしたり、教育委員会主催年次研修、校園内研修会、教育相談研修会、生徒指導研修会等での講師を務めたりしているが、特に教育現場からは、開発的カウンセリング技法の1つである、構成的グループエンカウンターへのニーズが高い。

　ここでは、構成的グループエンカウンターの活用により、教育相談を活かした生徒指導の実践の在り方を探りたい。

3．教育に活かす開発的カウンセリング技法
——構成的グループエンカウンター——

（1）子どもたちの問題行動の予防という視点

　兵庫県教育委員会・兵庫県高等学校生徒指導協議会が、約5,000名の高校生を対象に「高校生の生活と意識に関する調査報告書」をまとめている（住本監修　2009）。そこでは、高校生の自尊感情の低さ、心と心の触れ合いのある人間関係づくりの必要性が示唆されている。この報告書に限らず、今、教育現場では、子どもたちの「生きる力」を育てるためにも、自尊感情の育成と触れ合いのある人間関係づくりが、大きな課題として挙げられている。この2つの課題に効果がある、開発的カウンセリング（developmental counseling：Blocher, H）つまり、教師が、すべての子どもたちを対象にして、子どもの発達課題を達成させ、自己実現を援助するカウンセリングのスキルの1つとして、

表6-1 「教育相談を活かした生徒指導の展開」年間計画

月	生徒指導課題	実践内容	留意点
4月	・新しい環境への不安感の軽減 ・人間関係づくり（他者理解） ●学級での実践目標 ① どんなクラスにしたいか学級成員全員で決定する ② クラス内での心の居場所作り：子どもに安心感を実感させる。そのためにタイミングを逃さず子どもをほめる ③ 1年間の生活・学習目標設定、1学期の生活・学習目標設定、学期の教師の学級作りへの思いを児童生徒や保護者にしっかり伝える	・全員で取り組む「クラス目標作り」や「係活動」 ・構成的グループエンカウンター（以下、SGE）やソーシャルスキルトレーニング（以下、SST）等の活用 ・SGE：（出会いのエクササイズ「サイコロトーキング」「みんなでイェイ！」） ※エクササイズ実践の前に、ルールを確認するSST：（「あいさつの大切さ」）	・児童生徒を「指示待ち」姿勢にしないように留意する。 ・学級リーダーも立候補制や輪番制を導入する。 ・SGEやSSTは、TT等でサブリーダーが個別支援をする。 ・年間目標→学期目標→月目標→週目標と、長期から短期まで作らせ、常に振り返らせる。 ※エクササイズ実践の際、ルールは徹底してできないか。
5月	・心身の健康に関する課題への取組 ・自己理解・他者理解 ●学級での実践目標 ① 自分自身の課題や悩みの解消への取組 ② 自分の良さや努力点に注目 ③ ワークシートや日記、必ず生活面、学習面の振り返りを（書くことで自分を見つめる） ※ルールの徹底：規律ある集団の中でこそ「やる気」は育つ	・健康診断の実施 ・健康面の把握や友人関係の把握に入れた「家庭訪問」の実施（保護者には児童生徒の学校での良さや努力点を伝える） ・SGE：（「今の私を支えているもの」「いいとこ探し」）SST：（「気持ちのいい聴き方」「話し方」「守ろう、食事のマナー」）	・養護教諭や校医との連携。TT等での個別支援。 ・QU実施によるクラス実態把握（「要支援者」への早急な対応。以下、同様。） ・連休明け、出欠、遅刻、早退等への対応。 ・不登校への対応。 ・ロールプレイ等で、聴き合うことのできる学級作りの大切さを実感させる、認め合い、支え合い、励まし合える学級作りこそ目指したい。
6月	・学校生活や家庭生活における課題や悩みへの取り組み ・自己理解・他者理解 （学級での実践目標） ① 教師の自己開示により、話しやすい雰囲気作りを	・個別面談の実施（事前アンケート・日記・グループノート・学習ノートを参考に、生活面、学習面の課題や悩みの把握） ・SGE：（「おいしい言葉探し」「嫌なこと飛んでいけ」）SST：（「見直そう！私の聴き方」「話し方」「見直そう！清掃活動」）	・生徒指導・教育相談担当者や養護教諭等との連携。 ・SGEは、「自己理解」や「他者理解」のエクササイズを定期的に実施する。 ・児童生徒で決めさせた目標は必ず教室内に掲示し、常に目標を意識させる（今月の目標も意識させる

月			
7月	② 自分自身の課題や悩みの解消への取組（事前にアンケート記入で、自己との向きあい）※「やる気」の出る言葉を探す ・長期休業日の事前指導 ・自己理解・他者理解 ●学級での実践目標 ① 1学期の生活目標・学習目標の振り返りと長期休業中の生活目標・学習目標設定（子どもが主体的に決める） ② 保護者からの「いいとこ探し」による自尊感情育成 ※自分をみつめることができること、しないといけないことを確認する	・徹底した安全指導（心身の健康の維持、病気の治療）への取組や保護者面談の実施（7月〜8月） ・保護者会の実施や保護者面談の実施 ・SGE：（「我が子のいいとこ探し」「私は私が好きです‥‥だからです」）SST：（見直そう！携帯電話のマナー）	・生徒指導・教育相談担当者や養護教諭等との連携。 ・保護者会での、保護者が書いた「我が子のいいとこ探し」のワークシートは、家庭で子どもにも手渡してもらう。「リフレーミング」では、我が子の短所を長所に読み替えてもらう（頑固→意志が強い等）。 ・携帯電話の使い方のマナーを指導する。
8月	・基本的生活習慣の見直し ・問題行動の防止 ●学級での実践目標 ① 年間生活・学習目標の確認 ② 長期休業日の適応指導として、保護者連絡や、暑中見舞い状・メールでの児童生徒の現況把握 ※長期休業中でも、自分自身の生活目標や学習目標を意識することで、「やる気」を持続させる	・基本的生活習慣の見直し：保護者と絶えず連絡を取り合い、本人の長期休業中の目標の確認、点検を進める。場合によっては個人面談の実施 ・青少年育成団体等、関係機関との連携 ・SST：（見直そう！私の夏休みの過ごし方）（見直そう！私の敬語）	・生徒指導・教育相談担当者や養護教諭等との連携を密にし、校区内の巡回等により、児童生徒の安全に努める（地域、関係機関との連携）。 ・保護者と連携を取りながら、児童生徒の長期休業中の生活の様子を把握し、休業中の生活目標・学習目標を常に意識させる。あわせて、生徒指導上の課題にも対処する。
9月	・長期休業日の事後適応指導 ・基本的生活習慣の点検 ・交友関係の確認 ●学級での実践目標 ① 年間生活・学習目標の点検 ② 2学期の生活目標・学習目標 ※予防教育としてのSSTの体験を通してスキルを持続させる	・長期休業日の安全事後指導（病気の治療）等の報告書提出 ・保護者会の実施や保護者面談の実施 ・集団活動におけるトラブルへの対応スキルを学ぶ。 ・SGE：（「これが、今年の私の夏休み」「夏休みの作品、いいとこ探し」）SST	・生徒指導・教育相談担当者や養護教諭等との連携。TT等での個別支援をする。 ・QU実施によるクラス実態把握 ・長期休業日明け、不登校への対応。 ・2学期は、行事が多く、人間関係でのいざこざが増えてくる。そんな時、人間関係でのいざこざを予防するためにも、SSTの実施をする。

月	活動内容	具体的な取組	留意点・配慮事項
10月	・遠足、体育祭等、学校行事への適応指導 ・引き続き、基本的生活習慣の実践目標 ●学級での実践目標 ① 行事への取組、おろそかになりがちな学習目標の設定 ② 行事等を通して、成功体験を持たせる ※成功体験は自信につながる	・個別面談の実施（事前アンケート・日記・グループ日記を基に） ・Q-Uの結果を基に、SGEやSSTを開くをする。 SGE：（「体育祭、がんばっていただきたい」「10月、私のめあて」）SST：（「見直そう！私の集団行動」） （「考えよう！トラブル対処法」）	・生徒指導・教育相談担当者や養護教諭等との連携。 ・学校行事の多い月なので、学習への気がしっかり維持できるように、学習目標を細かく立てさせたり、振り返りをさせたりする。 ・教師は、どんな小さなことでも、ほめ、認める。
11月	・音楽会、体育祭等、学校行事への適応指導 ・引き続き、基本的生活習慣の点検 ・読書への取組 ●学級での実践目標 ① 行事への取組の目標設定と、この時期、おろそかになりがちな学習目標の点検、振り返りをする ② 読書感想文コンクール実施で入賞者表彰	・個別面談の実施（事前アンケート・日記・グループ日記を基に）、また、最終学年ではキャリア指導（三者面談実施） SGE：（「音楽祭、がんばっていただきたい」「10年後の私のあて」）SST：（本は自分で選択する） ・読書感想文コンクール実施	・生徒指導・教育相談・進路指導担当者や養護教諭等との連携。TT等での個別支援をする。 ・進路アンケートの実施や保護者や本人の意向の確認 ・コンクールを実施し、入賞表彰することで読書への意欲をさらに高める。入賞できなかった児童生徒も努力を認める。
12月	・長期休業日の事前指導 ・自己理解・他者理解 ●学級での実践目標 ① 2学期の生活目標・学習目標の振り返り ② 長期休業中の生活目標、学習目標の設定 ※今までの人生を振り返る	・徹底した安全指導（心身の健康の維持、病気の治療への取組等） SGE：（「家族へ、私のできるお手伝い」「マイ・ライフライン（私の人生の振り返り）」）SST：（「見直そう！今年の目標」）	・生徒指導・教育相談・進路指導担当者や養護教諭等との連携。TT等での個別支援をする。 ・「人生の振り返り」では、各自の人生をあるがままに受け入れ、人生への前向きな姿勢や心構えを持たせる。
	・長期休業日の事後適応指導 ・基本的生活習慣の点検	・長期休業日の安全事後指導（病気の治療等の報告書提出）	・生徒指導・進路指導・教育相談担当者・養護教諭等との連携。TT等での個別支援

第6章　生徒指導と教育相談　107

1月	・交友関係の確認 ●学級での実践目標 ①年間生活・学習目標の点検 ②3学期の生活目標・学習目標設定 ③保護者連絡や、年賀状、メールでの児童生徒の現況把握 ※自分も相手も大切にした自己主張の仕方を体験を通して学ぶ	・保護者会の実施や保護者面談の実施 ・SGE：（「振り返って素敵だ！」「今年の私の冬休み」「あなたって素敵だ！」）SST：（「みんなに伝えよう！私の今年の目標」「見直そう！自己主張の仕方」）	・QU実施によるクラス実態把握 ・長期休業日明け、不登校への対応 ・自己主張のスキル（相手の言い分も聞き、自分の思いも伝える方法）を学ぶ。援をする。
2月	・学級作りの振り返りⅠ（学級目標が達成できたか） ・基本的生活習慣の確認 ・交友関係の確認 ●学級での実践目標 ・子どもの努力点や長所を教師や級友が認める活動を重ねる。 ※学級作りのまとめをして、1年間の学級を振り返る ※スキルを学ぶことで、安心感を実感できる	・QUの結果を基に、SGEやSSTの実践展開をする ・SGE：（「クラスの思い出、BEST5！」「社会人として身につけたいこと」） SST：（「考えよう！友だちと約束を守るって？秘密を守るって：トラブル対処法として」「上手な断り方ってどうするの？」）	・生徒指導・教育相談・進路指導担当者、養護教諭等との連携。 ・QU結果分析によるクラス作り（今までのQU結果、それに基づく実践内容を振り返り、本年度の学級経営のまとめに向けた実践を展開する）。 ・中立を保つことの大切さにも気づかせる。
3月	・学級作りの振り返りⅡ（学級目標が達成できたか） ・基本的生活習慣の確認 ・交友関係の確認 ●学級での実践目標 ①3学期の生活目標・学習目標の振り返り ②1年間を通して教師や級友が認め合う活動：1年間の振り返り ※自分で1年間を振り返り、4月に考えた学級目標を振り返り、次年度以降への「やる気」育成への橋渡しをする	・個別面談の実施（事前アンケートや日記・グループ日記を参考に） ・SGE：（「あなたって素敵だ！」「別れの花束！教師からあなたへのメッセージ」「次のステップ！私の人間関係改善法」） ※「別れの花束」ではブラスメッセージを互いにプラスメッセージ（メッセージカード記入）、教師や友だちの支えによって、今の自分があることを実感する	・生徒指導・教育相談・進路指導担当者、養護教諭との連携。TT等での個別支援をする。 ・SGEのエクササイズ「別れの花束」実施で、学級への帰属意識や自己有用感、自尊感情を高め、次の学年、進路への意欲づけとする。 ・教師からも、次の学年、進路に向けての意欲づけの言葉かけをする。 ・学級目標が達成できたか等のチェックで、次のPDCAにつなぐ。

構成的グループエンカウンター（Structured Group Encounter：以下ＳＧＥ）が注目されている（住本、古田，2004等）。これは、筆者にとっても恩師である國分康孝氏が、1970年代後半に提唱、実践したもので、触れ合いと自己発見を通して、メンバーの行動変容を目標とした「集中的グループ体験」のことである。

（２）ＳＧＥの活用による、自尊感情の育成と人間関係力の向上

今の教育現場における課題として２つ挙げた。つまり、個人としては「自尊感情」を育て、他者とのかかわりにおいては、心と心の触れ合いのある友人関係を育むことである。

この２つの課題に対して効果的な開発的カウンセリング技法として、ＳＧＥがある。

ＳＧＥは、その構成要素として、心の成長を支援する課題（エクササイズ）や感想・気持ちの分かち合い（シェアリング）を２本の柱とし、グループ（学級等）内において、メンバー（子ども）の「自己理解」や「他者理解」、「自己受容」、「信頼体験」、「感受性」、「自己主張」など、６つの能力を促進し、豊かな人間性を培い、人間関係を深めようとするものである。「構成的」とは、人数やテーマ、時間などの条件を付けることで、「エンカウンター」とは、ホンネでの感情の交流ができる人間関係のこと、つまり「出会い」とか「触れ合い」ともいう。

このスキルのキーワードは「自己開示」（ホンネを語ること）で、メンバーは、エクササイズを通して、感じたことや気づいたことをシェアリングの中で、自己開示し合う。そしてこのシェアリングを通して、リレーション（信頼関係）の形成が図られる。

基本的な流れとしては、以下のようになる。

① ねらいと内容の説明
② ウォーミングアップ（心身の準備運動）
③ インストラクション（エクササイズの内容等の説明）
④ デモンストレーション（やり方の提示）
⑤ エクササイズの実施

⑥　シェアリング（気づきや感情の分かち合い）
⑦　まとめ（教師からのフィードバック）

　教科指導などにおける導入、展開、まとめの流れと大まかな流れとしては同じであるが、「自己理解」や「他者理解」等を深める手段として、シェアリングを通して、一人ひとりの子どもが主体的に学べることがＳＧＥの特徴である。したがって、一定の流れはあるが、エクササイズやシェアリングが展開の中にあればＳＧＥととらえることができる。子どもの発達段階、実態に応じて、教師が自由にプログラムをアレンジできるのもＳＧＥの特徴であり、利点でもある。

　表6-2は、筆者が本プログラムを実践し、実施前後の比較で参加者の自尊感情が高くなることを確認し、友人関係の広がりや深まりも報告されたものである。

　つまり、ＳＧＥのように、まずその前提として子どもたちに「安心感」を保証することである。

　例えば「相手が言ったりしたりすることを否定しないこと」などを集団生活における基本的なマナーとして事前に徹底することが大切である。

　次に「他者理解」をねらいとするエクササイズを中心にして子どもたち同士の交流を進める。もちろん折にふれ、相手の人権を尊重した話し方や聞き方の指導を入れていく（教師は基本的にはⅠメッセージ〔わたしメッセージ〕を使って。例えば「先生は、今の言い方だとＡさんの気持ちを傷つけているように思うんだ。Ａさんの立場で言い直してほしいと思うんだけど、どうだい？」）。

　そして最後に、「自己受容」をねらいとするエクササイズを実践するのである。

（3）自他のよさに気づく体験

　人は誰しも認められたいという欲求を持っており、この欲求が満たされない子どもは、友だちの良さを認める余裕はない。

　したがって、いわゆる「いいとこ探し」のエクササイズを通して、子どもたち自身の自尊感情を高めたい。そしてまず個人の自尊感情を育て、次に友だちの「いいとこ探し」へと発展させていくのである。

表6-2 ふれあいのある友人関係を育み、自尊感情を育てるSGEプログラム

流れ	エクササイズ名	ねらい	実施内容	準備物等
Ⅰ	ニックネームを考えよう！	雰囲気作りと参加者への意欲づけ。	自分のニックネームを考え、名札に書き込む。	タックシール（人数分）、マジック（多色）
Ⅱ	歩行者天国を一人で歩けば…	Ⅲとの比較。	無言で各自がイメージした歩行者天国を歩く。その後、感想を出し合う。	室内自由歩行
Ⅲ	みんなでイェイ！	他者理解。Ⅱとの比較。友だち（参加者）のことを知る。	室内を自由歩行し、出会った人とハイタッチし、「イェイ！」とかけ声をかけ合う。その後、感想を出し合う。	室内自由歩行
Ⅳ	みんなで握手！	他者理解。友だち（参加者）のことを知る。	室内を自由歩行し、出会った人と握手し、「○○が好きな△△です。よろしく！」と挨拶し合い、少し質問し合う。その後、感想を出し合う。	室内自由歩行
Ⅴ	ニックネームの意味をおしえて！	他者理解。友だち（参加者）のことを知る。	2人組。「ニックネームの由来」を紹介し合う。その後、感想を出し合う。	いす
Ⅵ	私は私が大好き！	自己受容。参加者が自分の肯定的な側面に目が向けられるようにし、自尊感情を高める。	4〜5人組。グループで「私は私が好き！わけは○○だから」と自分のよさを発表し合う。グループ成員は大きな拍手を送る。その後、感想を出し合う。	いす
Ⅶ	私だってなっかなか！	自己受容。自分の良さを見つめ直すことで、自尊感情を高める。	4〜5人組。「私へのメッセージカード」を配り、自分へのプラスメッセージ、エールを書き、それを発表し合うことで自分の良さについて振り返る。グループ成員は大きな拍手を送る。その後、感想を出し合う。	メッセージ・カード（人数分）いす・つくえ
Ⅷ	あなたって最高！	自己受容。他者より肯定的なメッセージを受け取ることで、自尊感情を高める。	4〜5人組。一人1枚のカードを配り、まず自分の名前を書き、それを交換して名前の書いてある人へ、「その人の良さや努力点」を書き合う。班毎に号令をかけ自分の右隣の人にカードをまわす。カードを本人へ返し、それを読んだ感想を話し合う。BGMがあればさらに効果が上がる。	メッセージ・カード（人数分）いす・机

（住本、2003）

表6-2で説明すると、「私は私が大好き！」のエクササイズ（4～5人組で、自分の良さを宣言し合う。「リフレーミング」も活用し、短所も長所に読み替える。例：頑固 → 意志が強い）で、「私も結構すてきじゃない！」「今のままの私も良いとこあるじゃない！」というように、まず自分自身の肯定的な面に目を向ける場を設定する。

次に、「私だってなっかなか！」のエクササイズ（4～5人組で、自分の長所や努力している所を自分へのメッセージカードに書き、それを発表し合う）で、自分の良さを見つめ直させる。

そして最後に「あなたって最高！」のエクササイズ（4～5人組。グループで各成員の素敵だと思う所をメッセージカードに書き手渡す）で他の人から「いいとこ探し」をしてもらう。

(4) シェアリングによる体験の共有化

SGEのエクササイズ実施後に、シェアリングという、学級活動でいうなら、話合い活動にあたる活動を必ずする。つまり「私は今のエクササイズを終えて、こんなことを感じた」「私はこのエクササイズで、こんな発見をした」「Bさんが言ったことは、私の感じたことと違うけど、『なるほど』と思った」というように、各自の思いを尊重しながら、他の人の考えや思いを傾聴する習慣もついてくるのである。

SGEのリーダーである教師が、エクササイズをリードして子どもたちの豊かな友人関係を育むことは重要であるが、このシェアリングにおいても教師のリードによって、子どもたちが「Cさんは私と同じ感想を持ったんだ」「なるほど、Dさんのような見方をした人もあったんだ」「いろんな感じ方、考え方があるけど、それはそれでその人の思いであり、みんな違ってみんないいんだ」のように実感していく。

つまり、シェアリングの中でも、教師が、子どもたちの自尊感情を高めたり、友人関係を広げたり、深めるような言葉かけ、フィードバックをしていくことが大切である。

例えば「Eさんは皆あまり気づかなかった○○という意見を出してくれたけれど、そのおかげでいろいろな見方ができるのだということがわかったと思う

よ」のように進めていくのである。こういった教師自身による子どもたちへの「いいとこ探し」が、子ども達にとって「先生のようにすればいいのか」と友だちとのかかわり方のモデルを示すことにもなるのである。

　もちろんなかなか心を開こうとしない内気な子どももいるが、そういった子どもに対しては、教師自身の自己開示や自己主張によるモデルの提示や、常に子どものよさ、努力点を見つめようとする教師自身の子どもに向き合う姿勢も問われるところでもある。

　つまり、教師は常にカウンセリングマインドを持って子どもたちをリードし、ルールについても徹底的に指導していくのである。したがって、教師が本技法に精通することによって、母性原理と父性原理のバランス感覚を身に付けていくのである。これは、教育相談を活かした生徒指導の実践そのものでもある。

（5）SGEによる不登校対策支援

　筆者は、現在大学で、学生相談を担当して6年目を迎えている。このような経験から、主に不登校の子どもたち、その保護者の方々から学ばせていただいた、心のエネルギーを高める方法としては、以下の3点を挙げたい。

　① 受け止めてくれる人がいれば、心のエネルギーは高まる
　② 自分が好きなことに没頭すれば、心のエネルギーは高まる
　③ 目標を設定し、その実現に向けての道程をイメージできれば、心のエネルギーは高まる

　①については、子どもが、受容し共感してくれるキーパーソン（伴走者）の存在を実感できれば、その人とのリレーションの上に、「安心感」を実感しながら、心のエネルギーは高められるということである。

　②については、不登校の状況にある子どもたちは、絶えず、学校へ行けない自分を、周りの人たちから責められ、場合によっては自分自身が責めている。そんな中にあって、自分がしたいことを自己決定し、それに没頭することで、自分を責めることも回避し、心のエネルギーは高められるのである。

　そして、③については、子どもが、短期的、中期的、長期的な目標を設定し、それらの目標実現への道筋をイメージできれば、多少の困難が現れようとも乗り越えていけるということである。当然そこにはキーパーソンの存在やプラス

思考の習慣化等が重要になってくるのである。

　さて、ＳＧＥの活用によって、不登校児童生徒の自我を健全化できることにより、不登校が好転する。ＳＧＥプログラムを活用すれば、不登校児童生徒の現実判断力や適応力などが高まり、不登校状況が再登校へと結びつくのである。ただ、実践する際に留意しないといけないのは、技法はあくまで技法にしか過ぎないということを忘れてはいけないということである。

　前述のように、支援者が、不登校児童生徒の「生きる力」を育てることを目標とし、子どもたちのキーパーソンになり、ＳＧＥを手段として、目の前の子どもたちの心に寄り添ったエクササイズの展開を心掛けることが、本プログラムの要諦なのである。

　ＳＧＥについては、いじめや不登校等の子どもたちの問題行動を予防することに効果があることが認められてきているが、本プログラムを実践すれば、不登校を好転させることにも効果があることがわかってきたのである。

　では、なぜＳＧＥを活用すると不登校が好転するのであろうか。それは、ＳＧＥを通して、①自己理解　②他者理解　③自己受容　④信頼体験　⑤感受性　⑥自己主張の能力が促進され、これらの能力の向上が「自尊感情の育成」および「人間関係力の向上」につながり、不登校児童生徒が「生きる力」を高めていくのである（図６－１参照）。

(6) 教師研修におけるＳＧＥの効果

　上地（1992）は、「カウンセリング研修における構成法の活用」の中で、ＳＧＥの効果として以下の６つを挙げている。

　①　自己理解の深化
　②　自己の否定的側面の受容
　③　自己の肯定化の促進
　④　防衛的態度から自己開示的態度への変化
　⑤　自分自身の価値観や判断力の重視
　⑥　受容的で親密な対人関係の促進

　さらに、その中で上地は、ＳＧＥを実施する教師にとって自己開示することの重要性を強調しているが、自己開示はＳＧＥのキーワードであると言っても

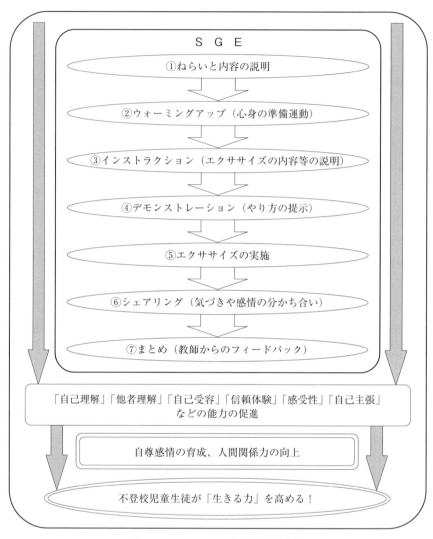

図6-1　SGEによる不登校対策支援

過言ではない。

　教師自身が、SGEの中で自己開示できない場合、学級の子どももなかなかホンネを語ろうとしない。逆に、教師自身が自己開示できると以下の理由でSGEの効果が上がる。

　①　学級の子どもたちに自己開示のモデルを示すことになる。

表6-3 教師のためのSGEによる研修プログラム

流れ	エクササイズ名	ねらい	実施内容	準備物等
I	ニックネームを考えよう！	雰囲気作りと参加者への意欲づけ。	自分のニックネームを考え、名札に書き込む。	タックシール（人数分）、マジック（多色）
II	みんなでイェイ！	他者理解。参加者のことを知る。	室内を自由歩行し、出会った人とハイタッチし、「イェイ！」とか声をかけ合う。その後、感想を出し合う。	室内自由歩行
III	ニックネームの意味をおしえて！	他者理解。参加者のことを知る。	3～4人組。「ニックネームの由来」を紹介し合う。その後、感想を出し合う。	いす。向き合って座る。
IV	私は私が大好き！	自己受容。参加者が自分の肯定的な側面に目が向けられるようにし、自尊感情を高める。	4～5人組。グループで「私は私が好き！わけは○○だから」と自分のよさを発表し合う。メンバーは拍手を送る。その後、感想を出し合う。	いす。向き合って座る。
V	あなたって素敵！	自己受容。他者より肯定的なメッセージを受け取ることで、自尊感情を高める。	4～5人組。一人1枚のカードを配り、まず自分の名前を書き、それを交換して名前の書いてある人へ、「その人の良さや努力点」を書き合う。班毎に号令をかけ自分の右隣の人にカードをまわす。カードを本人へ返し、それを読んだ感想を話し合う。BGMがあればさらに効果が上がる。	メッセージ・カード（人数分）いす・机

② 学級の子どもたちが教師への親近感を高める。

表6-3は、教師がこのSGEプログラム研修を受講することで、教育相談を活かした生徒指導を実践しやすい資質を養成するのに適したものを示した。

以上、すべての子ども達を対象にした、予防的な観点からも注目されている開発的カウンセリングの一技法としてのSGEについて、教育現場の課題との関連で述べた。

筆者は、E市より、「不登校が多く、増加傾向にあるため、市内の全教職員（小・中学校）対象に、SGEの研修をしてほしい」との依頼を受け、教職員研修と子どもたちへのモデル授業の実施を行った感想を付す（表6-4・表6-5）。なお、E市教育委員会を中心にして全市を上げた取り組みでもあった

表6-4　教職員の感想：SGE研修会後・受講者のSGE実践後

【研修直後】
○自分に対しても、他人（生徒）に対しても「悪いとこ探し」がほとんどであった（100％近い）が、「良いとこ探し」の大切さ、認めることの大切さを実感できた。
○自らの実習から、子どもの意見をよく聞き、受け入れ、認めることで、子どもは自分が認められた喜びや自分の存在を確認されたうれしさを子どもたち自身の成長につなげていくことができると感じた。
○やはり、教師自身の自己開示がポイントだと実感した。
○リーダーがかなり深い自己開示をしており、これがSGEのポイントだと感じた。

【研修受講者のSGE実践後】
○私自身が子ども一人ひとりの言動をまず受け入れようとするようになった。
○自分自身が子どもの心の動きや友人関係を以前より注目するようになったし、ゆとりを持って子どもたちに接するようになった。
○学級のまとまりがよくなり、不登校生宅への届け物を子どもから申し出るようになった。
○子どもたちの人間関係が良くなってきている。
○人の話を聴けるようになってきた。
○「いいとこ探し」を積み重ねることで、子どもたちが自信を持つようになってきた。

表6-5　子どもの感想

【授業直後】
○とても楽しい授業だった。こんな授業をまた受けたい。
○自分や友だちのことについていろいろと考えたし、いろいろなことがわかったのでよかった。
○自分の「いいとこ」がわかったし、友だちの「いいとこ」もよくわかった。
○グループで話すことが多かったので話しやすかったし、質問もしやすかった。いろいろ質問したので先生や友だちの知らなかったところがよくわかった。
○ワークシートにメモ書きして発表したので、とても話しやすかった。
○「どうせ私なんか……」と思っていたが、友だちから「今のあなたで充分すてき！」のメッセージをもらったのでとてもうれしかった。

ため、その年度末には、E市教育委員会から、不登校児童生徒がゼロになったとのうれしい報告も受けている。

　いずれにしても、対症療法的な指導や援助は当然必要であり、大切なことではあるが、いじめ、不登校等、子どもたちの問題行動が多様化、深刻化する現況にあっては、より予防的、開発的な教育活動の展開が望まれている。構成的

グループエンカウンター、ソーシャルスキルトレーニング、ピアサポート、ストレスマネジメント教育等の活用が学校現場に強く求められているのである。日々、教育現場の最前線で奮闘している教師は、教育相談を活かした生徒指導の実践のためにも、ＳＧＥ等、開発的カウンセリング技法の研修受講を強く勧めたい。そして、開発的カウンセリング技法を活用した教育相談なり、生徒指導の展開を強く望むものである。

学習課題

（1）教育相談を進める際には、児童・生徒とのリレーションの形成が大切です。その理由について考えましょう。

（2）開発的カウンセリングの実際を、体験を通して学びましょう。

【参考文献】

住本克彦「人間関係のもつれから不登校になった子ども達の事例を通しての一考察」『平成9年度兵庫県立但馬やまびこの郷研究紀要』兵庫県教育委員会　兵庫県立但馬やまびこの郷　1998

上地安昭「カウンセリング研修における構成法の活用」國分康孝編『構成的グループ・エンカウンター』誠信書房　1992

住本克彦監修『高校生の生活と意識に関する調査報告書』兵庫県教育委員会・兵庫県高等学校生徒指導協議会　2009

住本克彦・古田猛志『教職員のカウンセリング研修における構成的グループエンカウンターの活用に関する一考察』兵庫教育大学発達心理臨床研究第十巻　2004

文部科学省『生徒指導提要』2010

文部省『生徒指導の実践上の諸問題とその解明』1966

文部省『生徒指導の手引き』1965

文部科学省　国立教育政策研究所『生徒指導上の諸問題の推移とこれからの生徒指導』ぎょうせい　2009

梶田叡一『意識としての自己―自己意識研究序説』金子書房　1998

河村茂雄『学級づくりのためのＱ－Ｕ入門』図書文化社　2006

國分康孝・國分久子総編集『構成的グループエンカウンター事典』図書文化社　2004

小林正幸・相川充編著『ソーシャルスキル教育で子どもが変わる』図書文化社　1999

住本克彦「エンカウンターを生かした学校規模の不登校対策」「不登校を予防する学級経営とは」「私の人生の振り返り」國分康孝・國分久子監修、片野・川端・住本・山下編集『エンカウンターで不登校対応が変わる』図書文化社　2010

住本克彦・兵庫県立上郡高等学校「平成23年度（第1年次）文部科学省指定研究開発社会人基礎力育成プログラム開発」2012

第7章

キャリア教育

　一昔前までは、勤続年数や年齢に応じて役職や賃金が上がる「年功序列」や定年まで働くことができるといった「終身雇用」の制度によって安定した雇用は守られていたといえる。しかし今日では、経済不況の中で生涯を通して同じ職場で働くという前提がなくなりつつあり、個人が社会環境の変化に直接対応する必要性が生じてきた。そうした社会環境の変化に学校教育としても対応すべく、児童・生徒が社会の様々な課題に対して、柔軟にかつたくましく対応できる能力の育成が課題として取り上げられるようになった。

　本章では、キャリアとは何かを概観しながら、キャリア教育で育成すべき能力を取りあげ、小中高等学校で取り組むキャリア教育について述べる。キャリア教育は、決して特別な教育活動ではなく、日常の教育活動を通して、子どもたちの学ぶ態度や意欲を育てながら、児童・生徒が社会とのつながりを見いだしていくための教育である。

1. キャリア教育を学ぶにあたって

みなさんはこれまでにどのようなキャリア教育を受けてきただろうか。中学生のころ、先生から高校進学に向けた指導を受けたという人がいるかもしれない。高校生になったときには、大学進学に向けた指導を受けたという人もいるだろう。あるいは就職のための指導を受けていたという人もいるかもしれない。一般にキャリア教育とは、「初等、中等、高等及び成人教育の各段階で、それぞれの発達段階に応じて、キャリア（職業・生涯）について学ばせる組織的で総合的な教育である」[1]。そのため、上級学校への進学指導や、企業等への就職指導もキャリア教育に含まれる。では、キャリア教育は、生徒の卒業後の進路を決めることなのであろうか。人の生涯を考えた場合、上級学校への進学は1つの通過点にすぎない。また、生涯を見通せば、人は、様々な出来事に遭遇するだろうし、職業や就職先が変わることも珍しいことではないだろう。このように、人の生涯を見通してキャリア教育を考えた場合、進学指導や就職指導はその一部分にしかすぎないことがみえてくる。

ではキャリア教育とはいったいどのようなものなのであろうか。また、キャリア教育はどのように行えばよいのだろうか。この章では、社会の状況の変化も視野に入れながら、キャリア教育の概要を学んでいこう。さらには、就学前教育から高等教育にいたるまで、それぞれの段階で求められるキャリア教育の指導方法についてもその概要をおさえ、子どものキャリアを見越した指導をするための基本的な知識を獲得しよう。

2. キャリア教育に関する原理的な眼差し

キャリア教育はそもそもなぜ行う必要があるのだろうか。まずはキャリア教育が求められる背景を学校教育がもつ原理の面から探ってみよう。

キャリア教育を行う必要性は、学校がどのように登場してきたのかをみることで探ることができる。今日のような学校が登場する以前の時代、日本でいえば、江戸時代の社会では、仕事、日常生活、子育ての場が厳密に分けられるこ

とはなく、1つの場所で行われることも珍しいことではなかった。農業であれ、ものづくりであれ、商いであれ、働く場所と生活の場所はときに重なっていたし、子育ても働きながら行われていた。そのため、子どもは成長にともなって、自ずと働くための知識や技能、振る舞い等を身につけていったのである。初めは簡単な手伝いからはじまり、少しずつ中心的で責任の重い仕事をこなし、やがて一人前の職業人になっていった。

　こうした状況が変化したのが、法律、政治、経済、交通、医療、教育など、社会の仕組みが整えられる近代以降である。近代社会では、工場や会社が多くの人を雇うようになり、職場と家庭が分離する。残された子どもの保護や世話をどうするのかが問題となる。また、社会が発展するにつれて、子どもが習得すべき知識や技能はもはや保護者が与えることができないほどに、量も増えて内容も高度になっていく。どこかで誰かが子どもに専門的に知識や技能を授ける必要が出てくる。これが、学校が求められる背景である。職場と家庭が分離し、さらに教育の機能も分かれていく[2]。こうした近代社会の特徴から、閉じた空間・領域としての学校教育の特徴を見いだすことができるだろう[3]。

　この互いに分かれた学校と企業・会社等は様々な接点をもつが、なかでも重要なのが、学校を卒業した生徒を労働力として社会が受け入れる雇用の問題である。歴史上、そして国や地域によって程度の差や具体的な機能・役割には違いがあるが、学校を卒業した若者の多くは就職をするか、より上位の学校へ進学をし、やがては就職をする。そこで生徒の能力や関心、学業の達成度等に応じて就職や進学のための指導が行われるようになる。これらは、これまでにも就職指導（あっせん）や進学指導として行われてきている。機能の面では互いに分かれている学校と企業・会社等は、学校で学び終えた卒業生を通じて結びついているのである。ここに、今日のキャリア教育につながる教育の機能・役割を見いだすことができるだろう。

　学校教育は、子どもに知識や技能を獲得させ、関心や意欲等を育むなど、子どもの可能性を広げていくことに特徴がある。その一方で、就職指導や進学指導は、子どもの可能性をあえて限定していくことによって、学校での学習と社会での就業を接続しようとするところに特色がある[4]。可能性の拡大と限定は、場合によってはお互いに緊張関係にあったり、矛盾することもある。子どもの

発達段階や学校段階によってその比重は異なるものの、こうした緊張関係をふまえて現実の要請に応じた指導を行っていくことが求められるだろう。

3. キャリア教育の主旨

(1) キャリア教育が求められる背景

　先にみたように、これまでにも学校では、卒業生を企業や会社等の職業社会に送り出したり、上級学校へ進学させるための就職指導や進学指導が行われてきた。正社員採用、年功賃金、終身雇用を基本とする日本型雇用慣行が機能していた時代には、若者は一度、企業や会社に就職をしてしまえば、定年まで安定して働くことができた。また、高校から大学等への高等教育機関に進学した後も、新規学校卒業者の一括採用の慣行によって、若者は比較的安定して就職先を確保することができた。

　だが、こうした状況はすでに過去のものとなりつつある。1990年代以降、バブル経済の崩壊を経験した日本経済は、構造的な不況に陥っていく。経済成長率はほぼゼロに近い状態かマイナス、つまり衰退に陥ることもあった。こうした社会の状況のなか、日本型雇用慣行が崩れていく。リストラや早期希望退職の募集が行われたり、非正規従業員や派遣労働者が増加した。また、就労をせず、教育・訓練も受けないニート（Not in Education, Employment or Training: NEET）やアルバイト等で生計を立てるフリーターの増加が取り上げられた。雇用が流動化し、働き方が多様化するなかで、1999（平成11）年の中央教育審議会答申[5]「初等中等教育と高等教育との接続の改善について」は、はじめてキャリア教育に言及した[6]。

(2) キャリア教育とは

　では、キャリア教育とはどのようなものなのであろうか。2011（平成23）年の中教審答申「今後の学校におけるキャリア教育・職業教育の在り方について」は、キャリア教育を次のように定義している。すなわち、キャリア教育とは、「一人一人の社会的・職業的自立に向け、必要な基盤となる能力や態度を育てることを通して、キャリア発達を促す教育」[7]のことである。ここで、キャリ

アとは、「人が、生涯の中で様々な役割を果たす過程で、自らの役割の価値や自分と役割との関係を見いだしていく連なりや積み重ね」[8]のことであり、さらに「社会の中で自分の役割を果たしながら、自分らしい生き方を実現していく過程を『キャリア発達』という」[9]。したがって、就職指導や進学指導はキャリア教育に含まれるが、そのままキャリア教育に対応するわけではないのである。

4. キャリア教育で育成すべき力

(1) ライフ・キャリアの虹

それでは、より具体的にキャリアはどのようにとらえられているのだろう。図7-1は、「ライフ・キャリアの虹」と呼ばれる図である。一番外側には、数字がふられ、年齢を表している。その内側には、「家庭人」「労働者」「市民」「学生」等の社会的な役割が記されており、その厚さは役割の大きさを表している。モデルとなっている男性のキャリアは、「22歳で大学を卒業し、すぐに就職。26歳で結婚して、27歳で1児の父親となる。47歳の時に1年間社外研

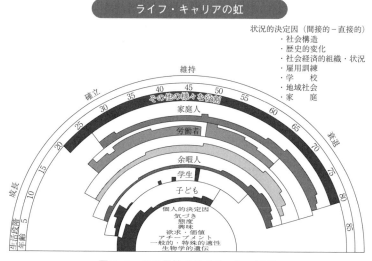

図7-1 ある男性のライフ・キャリア
(出典:文部省「中学校・高等学校進路指導資料第1分冊」1992年)

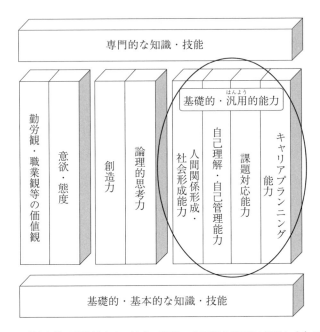

図7-2「社会的・職業的自立、社会・職業への円滑な移行に必要な力」の要素
(出典:中央教育審議会「今後の学校におけるキャリア教育・職業教育の在り方について」(答申)、2011年)

修。57歳で両親を失い、67歳で退職。78歳の時妻を失い、87歳で生涯を終えた」[10]というものである。この「ライフ・キャリアの虹」をみると、一人の人が、人生の中で様々な役割を果たしながら、生涯を歩んでいくことを見てとることができる。

(2) キャリア教育で育成すべき力

それでは、今日のキャリア教育ではどのような力を育成することが求められているのだろうか。図7-2は、2011 (平成23) 年の中教審答申のなかでキャリア教育で育成すべき力として示されたものである[11]。基礎的・基本的な知識・技能から、専門的な知識・技能にいたるまで知識や技能、意欲や思考力等がまとめられている。中でも重視されているのは、「基礎的・汎用的能力」である。この、「基礎的・汎用的能力」は、「人間関係形成・社会形成能力」「自己理解・自己管理能力」「課題対応能力」「キャリアプランニング能力」から構

表7-1　基礎的・汎用的能力の内容

	概要	要素
人間関係形成・社会形成能力	多様な他者の考えや立場を理解し、相手の意見を聴いて自分の考えを正確に伝えることができるとともに、自分の置かれている状況を受け止め、役割を果たしつつ他者と協力・協働して社会に参画し、今後の社会を積極的に形成することができる力	他者の個性を理解する力、他者に働きかける力、コミュニケーション・スキル、チームワーク、リーダーシップ等
自己理解・自己管理能力	自分が「できること」「意義を感じること」「したいこと」について、社会との相互関係を保ちつつ、今後の自分自身の可能性を含めた肯定的な理解に基づき主体的に行動すると同時に、自らの思考や感情を律し、かつ、今後の成長のために進んで学ぼうとする力	自己の役割の理解、前向きに考える力、自己の動機付け、忍耐力、ストレスマネジメント、主体的行動等
課題対応能力	仕事をする上での様々な課題を発見・分析し、適切な計画を立ててその課題を処理し、解決することができる力	情報の理解・選択・処理等、本質の理解、原因の追究、課題発見、計画立案、実行力、評価・改善等
キャリアプランニング能力	「働くこと」の意義を理解し、自らが果たすべき様々な立場や役割との関連を踏まえて「働くこと」を位置付け、多様な生き方に関する様々な情報を適切に取捨選択・活用しながら、自ら主体的に判断してキャリアを形成していく力	学ぶこと・働くことの意義や役割の理解、多様性の理解、将来設計、選択、行動と改善等

(出典：中央教育審議会「今後の学校におけるキャリア教育・職業教育の在り方について」(答申) 2011年)

成されている。「基礎的・汎用的能力」は、個別の知識や技能ではなく、キャリア形成のためのより全体的・基底的な力であるということができる。表7-1は、基礎的・汎用的能力を構成するそれぞれの能力の概要と要素をまとめたものである。生涯を見すえて、また様々な社会情勢の変動や雇用環境の変化にも対応しながら、就業し、人生を歩んでいくための基礎的な能力が育まれようとしているのである。

5．キャリア教育をいかに行うのか──原理と実践──

（1）キャリア発達段階

　キャリア教育は就職指導や進学指導等を含んだ、より幅広い教育活動を指している。そのため、進学指導が重視される中学校や、進学指導に加えて就職指導が行われる高等学校よりも前の学校段階からキャリア教育は行われる必要がある。では、キャリア教育は、どのように行えばよいのだろうか。キャリア教育では、子どもの年齢や発達段階に応じた指導が求められている。表7-2は、主に小学校から高等学校での教育段階にいたるまでのキャリア発達を一覧にしたものである。

表7-2　小学校・中学校・高等学校におけるキャリア発達

	小学校	中学校	高等学校	
	〈キャリア発達段階〉			
就学前	進路の探索・選択にかかわる基盤形成の時期	現実的探索と暫定的選択の時期	現実的探索・試行と社会的移行準備の時期	大学・専門学校・社会人
	・自己及び他者への積極的関心の形成・発展 ・身のまわりの仕事や環境への関心・意欲の向上 ・夢や希望、憧れる自己のイメージの獲得 ・勤労を重んじ目標に向かって努力する態度の育成	・肯定的自己理解と自己有用感の獲得 ・興味・関心等に基づく勤労観・職業観の形成 ・進路計画の立案と暫定的選択 ・生き方や進路に関する現実的探索	・自己理解の深化と自己受容 ・選択基準としての勤労観、職業観の確立 ・将来設計の立案と社会的移行の準備 ・進路の現実吟味と試行的参加	

（出典：文部科学省『小学校キャリア教育の手引き〈改訂版〉』教育出版、2011年）

（2）就学前教育におけるキャリア教育

　キャリア教育は、就学前教育の段階からを行うことが求められている[12]。ただし、就学前の幼児に対して行うのは、職業指導や進学指導ではない。その後のキャリアを歩んでいく基礎を培うことが求められている。

　様々な体験を通して子どもは、豊かな心情や、ものごとに関わろうとする意

欲、健全な生活を営むための態度を培う。そこで、遊びを中心とした生活を通して体験を重ね、子どもが自発的・主体的な活動を行えるように促すことが必要となる[13]。

例えば、高齢者や働く人びとなど、子どもの身のまわりの大人とのふれ合いや交流を通して、子どもが人と関わることの楽しさや人の役に立つ喜びを味わうことができるようにする。また、他の子どもと関わることで、自発的・主体的な活動はより豊かなものとなっていく。そこで、一人ひとりを活かした集団を形成し、人と関わる力を育てていくことが大切になる。

こうした子どもの自発的・主体的な活動は、小学校以降にも子どもがキャリア発達を遂げていくための基盤となるのである。

(3) 小学校におけるキャリア教育
1) 小学校段階のキャリア発達

小学校は、進路の探索や選択に関わる基盤を子どもが形成していく時期にあたる[14]（表7-3）。小学校では、児童が社会生活の中での自らの役割や、働くこと、夢をもつことの大切さを理解したり、興味・関心の幅を広げていくこと、さらには、自己や他者に対する積極的な関心をもつようにすることが求められる。総じて、子どもの社会性、自主性・自律性、関心・意欲等を養うことが求められるのである。

2) 小学校におけるキャリア教育の指導方法

2017（平成29）年に示された小学校学習指導要領は、小学校におけるキャリア教育を指導要領の中に明確に位置づけている。

> 児童が、学ぶことと自己の将来とのつながりを見通しながら、社会的・職業的自立に向けて必要な基盤となる資質・能力を身に付けていくことができるよう、特別活動を要としつつ各教科等の特質に応じて、キャリア教育の充実を図ること[15]。

小学校におけるキャリア教育の要となる特別活動のなかでも特に重要なのが学級活動である。そこでは、「現在や将来に希望や目標をもって生きる意欲や

表7-3　小学校段階におけるキャリア発達の特徴

低学年	中学年	高学年
学校への適応 →	友達づくり 集団の結束力づくり →	集団の中での役割の自覚 中学校への心の準備
・あいさつや返事をする。 ・友達と仲良く遊び、助け合う。	・自分のよいところを見つけるとともに、友達のよいところを認め、励まし合う。	・自分の長所や短所に気付き、自分らしさを発揮する。 ・異年齢集団の活動に進んで参加し、役割と責任を果たそうとする。
・身近で働く人々の様子が分かり、興味・関心をもつ。 ・係や当番の活動に取り組み、それらの大切さが分かる。	・いろいろな職業や生き方があることが分かる。 ・係や当番活動に積極的にかかわり、働くことの楽しさが分かる。	・身近な産業・職業の様子やその変化が分かる。 ・自分に必要な情報を探す。 ・施設・職場見学等を通し、働くことの大切さや苦労が分かる。 ・学んだり体験したことと、生活や職業との関連を考える。
・家の手伝いや割り当てられた仕事・役割の必要性が分かる。 ・作業の準備や片付けをする。 ・決められた時間や、生活のきまりを守ろうとする。	・互いの役割や役割分担の必要性が分かる。 ・日常の生活や学習と将来の生き方との関係に気付く。 ・将来の夢や希望をもつ。 ・計画づくりの必要性に気付き、作業の手順が分かる。	・社会生活にはいろいろな役割があることやその大切さが分かる。 ・仕事における役割の関連性や変化に気付く。 ・憧れとする職業をもち、今しなければならないことを考える。
・自分の好きなもの、大切なものをもつ。 ・自分のことは自分で行おうとする。	・自分のやりたいこと、よいと思うことなどを考え、進んで取り組む。 ・自分の仕事に対して責任を感じ、最後までやり通そうとする。	・自分の仕事に対して責任をもち、見付けた課題を自分の力で解決しようとする。 ・将来の夢や希望をもち、実現を目指して努力しようとする。

(出典：文部科学省『小学校キャリア教育の手引き〈改訂版〉』教育出版、2011年)

態度の形成」「社会参画意識の醸成や働くことの意義の理解」「主体的な学習態度の形成と学校図書館等の活用」が目指されている[16]。

ほかにも、地域の探検や家族・身近な人の仕事調べ、商店街での職場見学等の活動を通じて働くことの意義を理解したり、自分ができること、意義を感じること、したいことを理解して行動することが求められる。またこれらを学ぶことの意欲につなげることもまた求められる。道徳教育や特別活動における「自己の生き方についての考えを深めること」とも関連づけた指導を行うことが求められる。

（4）中学校におけるキャリア教育
1）中学校段階におけるキャリア発達

中学校におけるキャリア発達段階は、小学校におけるキャリア教育の基礎のうえに、より現実的な探索を行わせるとともに、暫定的なキャリアの選択を行う時期である[17]。中学生になると自我が芽生えたり、独立の欲求が高まる。また、人間関係も広がり、社会の一員としての自分の役割や責任の自覚が芽生える時期でもある。また、他者と関わる中で、自らの人生や生き方への関心が高まる一方で、現実的に進路を選択する必要に迫られる時期でもある。表7－4は、中学校におけるキャリア発達段階とその特徴を示したものである。

2）中学校におけるキャリア教育の指導方法

2017（平成29）年に示された中学校学習指導要領は、これまでの進路指導の語に加え、キャリア教育を指導要領の中に明確に位置づけている。

> 生徒が、学ぶことと自己の将来とのつながりを見通しながら、社会的・職業的自立に向けて必要な基盤となる資質・能力を身に付けていくことができるよう、特別活動を要としつつ各教科等の特質に応じて、キャリア教育の充実を図ること。その中で、生徒が自らの生き方を考え主体的に進路を選択することができるよう、学校の教育活動全体を通じ、組織的かつ計画的な進路指導を行うこと[18]。

キャリア教育は、特別活動における学級活動を要として、学校の教育活動全

表7-4　中学校におけるキャリア発達段階と特徴

中学校段階でのキャリア発達課題
○キャリア発達段階 　　⇒現実的探索と暫定的選択の時期 ○キャリア発達課題 　　・肯定的自己理解と自己有用感の獲得 　　・興味・関心等に基づく勤労観・職業観の形成 　　・進路計画の立案と暫定的選択 　　・生き方や進路に関する現実的探索

各学年におけるキャリア発達課題の例		
1年生	2年生	3年生
・自分の良さや個性が分かる。 ・自己と他者の違いに気付き、尊重しようとする。 ・集団の一員としての役割を理解し果たそうとする。 ・将来に対する漠然とした夢やあこがれを抱く。	・自分の言動が他者に及ぼす影響について理解する。 ・社会の一員としての自覚が芽生えるとともに社会や大人を客観的にとらえる。 ・将来への夢を達成する上での現実の問題に直面し、模索する。	・自己と他者の個性を尊重し、人間関係を円滑に進める。 ・社会の一員としての参加には義務と責任が伴うことを理解する。 ・将来設計を達成するための困難を理解し、それを克服するための努力に向かう。

（出典：文部科学省『中学校キャリア教育の手引き』教育出版、2011年）

体を通じて行うことが求められるようになったのである。要となる学級活動におけるキャリア教育としては、「社会生活、職業生活との接続を踏まえた主体的な学習態度の形成と学校図書館等の活用」「社会参画意識の醸成や勤労観・職業観の形成」「主体的な進路の選択と将来設計」が求められている[19]。

　特別活動以外では、キャリア教育の視点で各教科・道徳・総合的な学習の時間や日常生活におけるそれぞれの活動を体系的に位置づけることが求められている。また、職場体験活動では、実社会の現実に迫ることが課題となる。より効果的に職場体験活動を実施するためには、職場体験学習の意義や体験先の仕事内容に関する学習、体験先の訪問といった事前指導を行ったり、生徒が体験活動の達成感を得られるように、自己評価カードの作成や感想文の作成、体験発表会などを行って事後指導とすることが求められる。

(5) 高等学校教育におけるキャリア教育

1) 高等学校段階のキャリア発達

　高等学校の時期には、中学生の時期と比べてさらに自律の要求が高まるとともに、所属する集団も増え、互いに協力しながら各自の役割や期待にこたえて円滑な人間関係を築いていくことが求められる。また、人間がいかにあるべきかということを考えたり、自己の将来に夢や希望を抱き、その実現を目指して学習に取り組むことが求められる。

　キャリア発達の特徴としては、生涯にわたる多様なキャリア形成に共通して必要な能力や態度を育成し、これを通じて勤労観・職業観等の価値観を自ら形成・確立することが目指される。表7-5は、高等学校段階におけるキャリア発達の特徴の例である。

表7-5　高等学校段階におけるキャリア発達の特徴

高等学校段階でのキャリア発達課題	
○キャリア発達段階　⇒　現実的探索・試行と社会的移行準備の時期 ○キャリア発達課題 　・自己理解の深化と自己受容 　・選択基準としての勤労観、職業観の確立 　・将来設計の立案と社会的移行の準備 　・進路の現実吟味と試行的参加	
高等学校段階におけるキャリア発達の特徴の例	
入学から在学期間半ば頃まで	在学期間半ば頃から卒業を間近にする頃まで
・新しい環境に適応するとともに他者との望ましい人間関係を構築する。 ・新たな環境の中で自らの役割を自覚し、積極的に役割を果たす。 ・学習活動を通して自らの勤労観、職業観について価値観の形成を図る。 ・様々な情報を収集し、それに基づいて自分の将来について暫定的に決定する。 ・進路希望を実現するための諸条件や課題を理解し、検討する。 ・将来設計を立案し、今取り組むべき学習や活動を理解し実行に移す。	・他者の価値観や個性を理解し、自分との差異を認めつつ受容する。 ・卒業後の進路について多面的・多角的に情報を集め、検討する。 ・自分の能力・適性を的確に判断し、自らの将来設計に基づいて、高校卒業後の進路について決定する。 ・進路実現のために今取り組むべき課題は何かを考え、実行に移す。 ・理想と現実との葛藤や経験等を通し、様々な困惑を克服するスキルを身に付ける。

（出典：文部科学省『高等学校キャリア教育の手引き』教育出版、2012年）

2）普通科におけるキャリア教育の指導方法

　高等学校は、教育課程によって学習する内容も異なれば、生徒の興味・関心も異なっている。また、卒業後の進路も異なる。そこで、普通科と専門学科・総合学科、それぞれにおけるキャリア教育を学んでいこう。

　高等学校の普通科で学ぶ生徒は、進路意識や目的意識が希薄な傾向がある。これは進路に関する決定を先送りにしている場合があるためである。普通科の卒業生のうち、大学や短期大学、さらに専修学校や公共職業能力開発施設等へ進学する生徒の割合は85%を超えている。その一方で、普通科を卒業後に就職をすることは厳しい状況にある。そのため、生徒がキャリアを積み上げていくうえで必要な知識等を教科・科目を通して理解したり、自己の適性を理解したり、将来設計を具体的に行うことが大切である。

3）専門学科・総合学科におけるキャリア教育の指導方法

　専門学科の在籍者は現在、高校生の約2割である。卒業生の約4割は大学や短期大学、さらに専修学校や公共職業能力開発施設等へ進学をする。卒業生の約5割は就職をする。職業の多様化や職業人として求められる知識・技能の高度化への対応等が求められている。専門分野に関する基礎的・基本的な知識・技能の定着をはじめとして、課題研究等による問題解決能力の育成、長期実習等の実践的な教育活動の実施、職業教育に関する学習成果の評価、地域の企業との連携による教育課程の編成等が求められている。

　総合学科においては、生徒が入学時点で課程に関して不十分な理解しかしていない場合もある。そのため、生徒に対して総合学科に関する理解を促したり、生徒に目的意識をもたせるような教育活動を行うことが求められている。

4）高大接続をめぐる昨今の状況

　高校から大学への進学は、高大接続の問題として取り上げられることが多い。この高大接続をめぐる仕組みもキャリアに影響を及ぼす。例えば、従来の高等学校教育や大学入試の課題を克服するために、大学入試制度の改革が議論されている[20]。高等学校教育の質の確保や向上、また高校生の基礎学力の定着を目指して、「高校生のための学びの基礎診断」や、大学入学希望者を対象とし、

国語や数学に記述式の問題を取り入れた「大学入学共通テスト」が新たに導入されようとしている。また、高等教育への進学率の上昇と高等教育における職業人養成の需要に応じるため、新たな大学の構想が打ち出された[21]。産業界と連携した教育や実習科目を卒業単位の3～4割とする専門職大学と専門職短期大学が2019（平成31）年から創設されることになった。こうした高大接続や高等教育をめぐる変化も視野にいれたキャリア教育が今後も求められるだろう。

6．教育と職業をめぐる昨今の社会の状況

　最後にキャリア教育を理解し、行ううえで手がかりになる社会の状況についてふれておこう。第3節の「キャリア教育の主旨」の箇所でも触れたように、1990年代の後半以降、ニートやフリーターが1つの社会問題となった。高校や大学を卒業しても働かない若者や、アルバイトを主たる収入源とする若者が注目された。
それまでの日本では、新規学校卒業者を一括で採用する慣行が長く続けられていた。当時にも、もちろん様々な困難や苦労があったが、多くの場合、人材難の状況から正社員としての採用の道が開かれていた。さらには、企業へと働き手を送り出す家庭は教育や休息の場として機能していた。また、学校も社会からの信頼を得て、就職や進学のための準備教育の場として機能していたのである。家族・教育・仕事の3つのトライアングルが強く結びつくとともに、安定的に機能していた。このような戦後日本の社会モデルは、戦後日本型循環モデルと呼ばれている[22]。
　ニートが問題となった時代、日本の社会では静かに、だが大きな構造の変動が生じていた。新卒者を受入れる正社員の採用枠が減少し、代わりに割合が大きくなったのが、有期雇用の契約社員やパートタイムによる雇用、あるいは派遣労働等であった。これらは、景気の動向や需要に応じて人材を柔軟に使用したい企業にとって魅力的であった。その一方で非正規雇用は一般に賃金や就労条件、福利厚生の面で正規採用に比べて優遇されているとはいえない状況があった。低賃金や不安定雇用のために家族を形成したり、維持することが難しい状況が訪れた。学校を卒業したとしても、卒業生の誰もが正規就職ができる

わけではない状況が訪れたのである。ここにいたって戦後日本型循環モデルは破綻しつつあるといえるだろう。

　自ら望んで職に就かない若者がいる一方で、望んでも正社員として就職することのできない若者が大量に生み出された時代があった。多様な雇用形態がある状況は今も続いている。私たちは、子どもや若者のキャリアを考える際には、子どもや若者の知識や技能、さらにはキャリアを切り開く能力に注目しがちである。このことはもちろん大切なことであるが、就労に関しては、個人の努力ではどうすることもできないこともある。企業の雇用形態、企業を取り巻く経済環境、科学技術の進展やグローバル化による社会の構造変動等も人びとのキャリア形成に影響を及ぼしている。

【注】
1）須藤敏昭「キャリア教育」平原・寺﨑編　2011年　pp.67-68
2）モレンハウアー　1987年　pp.46-56
3）山名淳「学校空間の教育哲学（1）―閉じていく教育の空間―」小笠原編著　2003年　pp.198-199
4）木村元「進路指導／キャリア教育」木村・小玉・船橋　2009年　p.211
5）以下、本文中では中教審答申と略記する。
6）中央教育審議会　1999年
7）中央教育審議会　2011年　p.17
8）中央教育審議会　2011年、p.17
9）中央教育審議会　2011年
10）文部省　1992年
11）中央教育審議会　2011年　p.27
12）中央教育審議会　2011年　p.38
13）本項は、中央教育審議会、2011年、p.38を参照して記述する。
14）本項は、中央教育審議会、2011年、p.38-40を参照して記述する。
15）文部科学省　2017a年　p.10
16）文部科学省　2017a年　p.165
17）本項は、中央教育審議会、2011年、p.38-40を参照して記述する。
18）文部科学省　2017c年　p.9
19）文部科学省　2017c年　p.148
20）中央教育審議会　2014年
21）中央教育審議会　2016年
22）本田　2014年　pp.14-24

> 学習課題

（1）あなた自身はこれまでどのようなキャリアを歩んできただろうか。また、この先、どのようなキャリアを歩んでいきたいと考えているだろうか。ノートにまとめてみよう。

（2）基礎的・汎用的能力が求められるようになった背景として社会の変化が挙げられる。近年の社会状況を整理し、具体例を出し合ってみよう。

（3）文部科学省『小学校キャリア教育の手引き』（あるいは、中学校・高等学校版）を参考にしながら、キャリア教育の指導計画を作成してみよう。教科・領域のなかで行うキャリア教育と職場体験活動等として行うキャリア教育をそれぞれ計画してみよう。

【参考文献】

小笠原道雄編著『教育の哲学』放送大学教育振興会　2003年
木村元・小玉重夫・船橋一男『教育学をつかむ』有斐閣　2009年
中央教育審議会「初等中等教育と高等教育との接続の改善について」（答申）1999年
中央教育審議会「今後の学校におけるキャリア教育・職業教育の在り方について」（答申）2011年
中央教育審議会「新しい時代にふさわしい高大接続の実現に向けた高等学校教育、大学教育、大学入学者選抜の一体的改革について―すべての若者が夢や目標を芽吹かせ、未来に花開かせるために―」（答申）2014年
中央教育審議会「個人の能力と可能性を開花させ、全員参加による課題解決社会を実現するための教育の多様化と質保証の在り方について」（答申）2016年
日本キャリア教育学会『キャリア教育概説』東洋館出版　2008年
平原春好・寺﨑昌男編『新版 教育小事典』（第3版）学陽書房　2011年
本田由紀『社会を結びなおす―教育・仕事・家族の連携へ―』岩波書店　2014年
森田愛子編著『生徒指導・進路指導論』協同出版　2014年
モレンハウアー・K.（今井康雄訳）『忘れられた連関』みすず書房　1987年
文部省「中学校・高等学校進路指導資料第1分冊」1992年
文部科学省『小学校キャリア教育の手引き』教育出版　2011年
文部科学省『中学校キャリア教育の手引き』教育出版　2011b年
文部科学省『高等学校キャリア教育の手引き』教育出版　2012年
文部科学省『小学校学習指導要領』2017a年
文部科学省『小学校学習指導要領解説 総則編』2017b年

文部科学省『中学校学習指導要領』2017c 年
文部科学省『中学校学習指導要領解説 総則編』2017d 年

第8章

教師の仕事

∴

「教育の結論は教師であります。（中略）教育こそは人であります。教育の仕事たるや実に至難の業（わざ）であります。（中略）自己を磨き、子たちと共に歩む教師。日々に新しい生命に燃ゆる教師。全身からほとばしる熱と光ある教師であって下さい。」(小原國芳『師道』玉川大学出版部　1974)

玉川大学創立者で全人教育の提唱者の小原國芳が言うように教師の存在こそ教育の要（かなめ）と考えられる。また、教師の仕事の難しさと教師の研修の大事さと人間力の向上を願っているのである。

本章では教師の仕事について考えたい。教師の仕事はどのようなものだろうか。本章では学校の教師の一般的な仕事だけでなく、子どもには見えなかった仕事も体系的に理解する。

まず、教師とは何か、その用語の整理と教職観を概観し、様々な教職観から求められる教師像を明らかにする。第2に、教師の職務やその独自性について整理する。第3に、教師の服務や身分保障の概略を整理する。

第4に、教職の課題について、教師養成と研修の概要および、未来の教師像と新たな教師の役割について考察する。

各用語を詳しく解説した脚注（きゃくちゅう）にも必ず目を通しながら、本文を通読しよう。次に、巻末の設問を解いて要点を整理しよう。さらに、本章で学ぶ教師の仕事全般について、関連する資料・文献等を調査して、さらに深く探求してほしい。

1．教師とは何か

（1）教師とは〜その用語の整理

教職に関する様々な呼称の特徴について、以下の呼称は固有の意味や背景があり、専門性の度合いも異なる。同一人物を言う場合にも使う呼称によって込められる意味やメッセージは違ってくる。教職を専門的に学ぶ際には、微妙なニュアンスの違いにも自覚的になる必要があろう。

1）先生

先生と言えば、教師を思い浮かべる人が多いが、「先生」という呼称そのものは教師の専売特許ではない。例えば、医師、弁護士、政治家、漫画家、画家、作曲家など社会的に影響を与え、尊敬されうる人びとの敬称として先生は親しまれてきたが呼称に専門性があるわけではない。

教育を行う人びとは一般的に「**教育者：educator**」や「**教師：teacher**」と呼ばれる。教育者はあらゆる教育の主体を意味し、親、地域社会で教育力を発揮する指導者、人間の成長・発達に影響を及ぼす人びとを指す。教育者は師（師匠）や先生と呼ばれてきた。

2）教師

教師は「学術・技芸を教授する人」「公認された資格をもって幼児・児童・生徒・学生を教育する人」「宗教上の教化を司る人」（『広辞苑』）と定義され、教える専門性を意識した用語で、学校の先生とほぼ同義である。医師や政治家は教師とは呼ばれない。Aという教師に対して「A先生」と呼びかけはしても、「A教師」とは言わないように「二人称」としての語用例がないのも特徴的である。

3）教員

「**教員**」は「学校に勤務して教育を行う人」（『広辞苑』）であり、意味的には教師と同義であるが、教員は「**教育職員**」の略称でもあり、『**教育職員免許法**』

が規定する法的な名称である。教員は学校教育に従事し、制度化された身分を持ち、学校教育を遂行でき、「教育職員免許状」を有する、職業としての学校教師を意味する。

また、「教職員」は慣例的には教員と学校事務職員等も含んで使われる。さらに「**教官**」という名称は法的には国立学校の教員（文部教官）を意味するが、自動車教習所の教官という慣例もある。

4）教諭

「**教諭**」とは『**学校教育法**』で規定された教員の職階・職名の1つで、幼児・児童・生徒の教育を司ることを本務とする教員である。つまり、校長や教頭でなく、教科担任や学級担任として指導する先生のことである。法的には教員として身分が保証されて初めて拝命される職階でもある。

本章では、教師を原則として用いるが、教育制度や法的な問題では教員も合わせて使うことにする。教師の職務は何であろうか。学校教育法等、教育の諸法規では具体的な規定はされていない。学校に関係する諸活動の全体が教師の職務と解釈できる。以後、様々な視点から教師の仕事を考えていこう。

（2）求められる教師像

教職という仕事をどのようにとらえるかという教職観の問題は重要である。なぜなら、教職観の違いは教職意識や教育の質に大きな影響を及ぼすからである。

1）4つの教職モデル

師匠モデル、聖職者モデル、労働者モデル、専門職モデルの成立過程とその特色を明らかにする。

① 師匠モデル

室町期、茶道や華道等において「師匠」と呼ばれた教師がいた。江戸時代、藩校や私塾、寺子屋では「師匠―弟子」関係は儒教の教えが基本とされた。儒教では師の条件は仁徳が高いことで指導性より重視された。修徳の過程は師を模範としてそれを模倣することであった。江戸時代の教師は知識習得以前に、

仁徳があり「深く広い人間性」が求められた。

　②　聖職者モデル（師範タイプ）

　近代以前、日本では空海ら高僧はみな教師としては存在した。社会の中で人びとに何かを教える役割は司祭や僧侶等の聖職者であった。聖職者とは神仏に仕える崇高な権威者であり、世俗の欲を超越した者とみなされた。こうした歴史的な背景からその職業的態度を理念化し、教師にも聖職的な姿勢を求める教職観を聖職的モデル（師範タイプ）と呼ぶ。教師を聖職者と見なす教育観は近代学校教育が整備された明治時代に醸成された。明治政府は富国強兵政策を推進する中で、学校教育を次第に国家主義的価値観に統制した。教育を崇高な行為とし、その使命を献身的に果たす教職観が教員養成の師範学校で強要された。戦前の日本では「**師範タイプ**」が醸成され、一切の世俗的な関心を捨てて、教育の為に尽力する態度が推奨された。清貧に甘んじる自己犠牲的な教師の生活態度が周囲の尊敬を集めた。師範学校での教師は上司・命令・権威に従順であり、目下の者には威厳を持って振る舞う特性があった。また、子どもには信愛の情をもって触れ合う資質が求められた。「子どもへの教育的愛情」が尊重された。

　このような教師の社会的な地位は高かったが、大正・昭和初期には旧制中学校が充実し旧制高校、帝国大学へのエリートコースが一般化すると師範学校出身の教師は二番手になり下がり、軍国主義の台頭でその社会的地位や権威は陰りを見せた。様々な問題で社会的地位が低下した現在でも聖職者モデルは根強い支持があるのは「使命感と教育的愛情」が大切にされているからであろう。

　③　労働者モデル（組合型教師像）

　労働者モデルは教師を労働者と考える教職観である。大正デモクラシーの頃から教師も労働者という考え方が起こり、1919（大正8）年、「啓明会」という教員団体が結成されている[1]。戦後の急速な教育民主化の中で、1947（昭和22）年、戦前の軍国主義的な教育を払拭すべく誕生したのが教員の労働組合、『**日本教職員組合（日教組）**』である。労働者モデルは教員も労働者として、給与等の生活水準の安定を図る現実主義的な教職観であり、戦前の聖職者モデルからの脱却を図り、教員の経済的地位を高めた。日教組は教育労働者として、「教育のプロ」を目指し「全国教育研究大会」を毎年実施してきた。1955（昭

和30）年頃から1990（平成２）年頃まで、いわゆる政府の55年体制の中、文部省と日教組が教育政策をめぐり、政治的に対立し、教育現場に大きな影響を与えた。この間、戦後第１次ベビーブーム世代が学校に入学し始めた時期が到来し、全国的に教員不足が深刻化、教員の大量採用時代になった。教員としての資質能力や使命感にかける人材が採用されるケースも増え、教員の質の低下を招いた。高度経済成長の好景気の中、「教師でもなろうか」「教師しかなれない」と揶揄された。低い使命感で教職を選ぶ「デモシカ教師」、賃金を得る一手段としか考えない「サラリーマン教師」が登場した。労働者モデルはその理論的な根拠を示し、これにより、教師の労働者意識が浸透した。多くの教師は教師固有の使命感を持ち、教材・授業研究に励み、職務遂行能力を向上させる努力をしていた。

　④　専門職モデル

　戦後、聖職論と労働者論の二項対立が続く中、現代まで主流の専門職モデルが登場した。1960（昭和41）年国際連合教育文化科学機関のユネスコ（United Nations Educational Scientific and Cultural Organization）で採択された「**教員の地位に関する勧告**」[2]が根拠となる考え方である。ここでは「**専門的知識および特別の技術を必要とする教師の専門職性**」が明言されている。この勧告は労働者の勤務条件や生活水準の改善を目的とする国連の専門機関ILO（International Labour Organization）でも採択されている。したがって、専門職モデルは聖職論と労働者論を統一する考え方としてその意義は大きい。だた、専門職と称される医師や弁護士等と比べると教員の就業人口は多く、免許取得時の統一した国家試験がないなど教職は**準専門職的な社会的評価**しか得られないのも事実である[3]。2009（平成21）年「教員免許更新制」は導入されたが、今後は大学院修士課程も含めた教員養成等、専門職としての基盤整備が必要となろう。

　教師は師匠か、聖職者か労働者か専門職かは、教師像全体を形作る１つの見方である。師匠には深く広い人間性を求められ、聖職者は教師の使命感と愛情を深め、労働者は経済的条件を整備し、専門職は社会的地位を確立するための視点を示している。

　1996（平成８）年、ユネスコは「教員の役割と地位に関する勧告」を採択し

た。現代の教師がコミュニティの有能な担い手として教育的活動の調整者（コーディネーター）という機能を持つことが目指されている。学校だけでなく地域における教育活動のプロ意識も求められよう。

2）教職の専門性〜準専門職から専門職へ
① 准専門職としての位置づけ
　米国のリーバーマン（Lieberman, M）の専門職論における専門職の条件に照らし合わせると教師の仕事は社会的に不可欠な、営利でない奉仕（サービス）的な職業であるが、いまだに「専門的な知識と特別な技術」が不明確であり、専門家としての地位も自由も自律性も十分に保障されていないのが現状で、準専門職（semi-profession）から抜けきれていないといえよう。
② 反省的実践家としての教師
　90年代、アメリカのドナルド・ショーン（Schon, D, 1931 - 1997）による「反省的実践家」という考え方が一世を風靡（ふうび）した。授業ではまったく予期しないこと、経験がないことが起こるのは珍しくない。優れたベテラン教師は状況を素早く察知し、子どもたちの考えに即興的に創造的に対応している。子どもが少しでも成長するように教師がいろいろと省察（せいさつ）し考えて実践する。
　授業という複雑な状況を即興的に認識し即興的に判断して対応する教師をショーンは「反省的実践家」と名付けた。
　子どもが多様で時と場合も様々である中で教育実践を行うと困難な状況が多々ある。だから教職は魅力的な職業といえるし、自律的な職業と公言できよう。試行錯誤を繰り返しながら創造的な教育実践はまさに専門的職業ととらえられるのではないだろうか。
③ 得意分野を持ち、個性の伸長を図る教師像
　1997（平成9）年、教育職員養成審議会（教養審）第1次答申「新たな時代に向けた教員養成の改善方策」が示された。変化の激しい時代にあって、子どもたちに「生きる力」を育む教育を授ける教育が教師に期待されるという視点から今後、教師に求められる資質能力の例を示した。「地球的視野で行動できる力」「変化の時代を生きる社会人に求められる力」「教員の職務から必然的に求められる力」が提示され、多様な資質能力の必要性が求められた。現実

的には最小限必要な知識・技能等を備えることは不可欠ながら、一律に高度な資質能力を身につけるのは現実的でないとした。「学校では、多様な資質能力を持つ個性豊かな人材によって構成される教員集団が連携・協働することにより、学校という組織全体として充実した教育活動を展開すべき」だとした。「生涯にわたり資質能力の向上を図るという前提に立って（中略）積極的に各人の**得意分野づくり**や**個性の伸長**を図ることが大切である」と示した。2005（平成17）年、中央教育審議会義務教育特別部会は「新しい時代の義務教育を創造する」という答申の中で「あるべき教師像」を3つ明示した。**教職に対する強い情熱**」「**教育の専門家としての確かな力量**」「**総合的な人間力**」である。そこでは、教育の専門家としての確かな力量は子ども理解力、児童・生徒指導力、集団指導の力、学級づくりの力、学習指導・授業づくりの力、教材解釈力をあげて具体化した。また、総合的な人間力は以下の項目を例示した。豊かな人間性や社会性、常識と教養、礼儀作法をはじめ対人関係能力、コミュニケーション能力である。

2．教師の職務

　誰もが高校卒業まで学校の先生と関わってきて、多かれ少なかれ教師の仕事を見てきたことであろう。授業をする教師、部活動の顧問として指導する教師、学級担任としていつも子どもの傍らにいた教師などである。しかし、出張で午後から学校を離れたり、子どもは知らない様々な会議に参加していたり、今日の仕事すべてを知っているわけではないであろう。この節では、教師の一般的な仕事は何か、また、教師の職務上の階層（職階）は何か、さらに、日本の教職の独自性を考えていこう。

（1）教師（教諭、助教諭、講師）の職務
　一般の教師の職務は「児童・生徒の教育をつかさどる」（学校教育法第37条他）とある。「養護をつかさどる」養護教諭と「栄養指導及び管理をつかさどる」栄養教諭はここでは触れない。
　教師の職務（教諭職）の具体的な内容について4つに分けられる。

1）児童・生徒の指導
① 学習指導（授業）
・教科（小学校は**全教科担任制**、中学校・高校は**各教科担任制**）
・教科外（学級担任が担当、学級指導、**道徳**[4]）（総合的な学習、**外国語活動**［小］[5]のみ、クラブ活動［小］のみ）
・授業準備（担当教科・教科外の教材研究・教材作成等）
・担当教科の成績処理（試験問題の作成・採点・評価、**通知表**[6]評定、**指導要録**[7]記録）
・授業時間外の補習・個別指導（質問、宿題対応も含む）
② 生徒指導（学校教育相談も含む）
・集団指導（授業、給食［小・中］、清掃、登下校等の安全、健康・保健、全校・学年集会、避難訓練等）
・個別指導（学習・進路相談、生活・適応相談、課題を抱えた児童/生徒への支援等）
③ 進路指導（中学校・高校のみ、主として学級担任）
・生徒の自己理解から自己実現のプロセスへの支援・指導・助言
・支援法の工夫、タイムリーな進路情報提供
・上級学校訪問、職場訪問の指導計画および実施
④ 学級経営と学級事務
・学級目標や学級経営案の作成・実施・評価・改善
・学級事務（名簿作成、出席簿・通知表・指導要録の記入・管理、教室環境整備[掲示物、物品等、学級通信)
・日常的な学級指導（朝・帰りの会、給食、清掃等）
⑤ 児童・生徒会活動
・児童・生徒の自主的組織・活動の支援・指導
・各種委員会活動の顧問
⑥ 学校行事
・儀式、学芸（文化祭等）、体育（体育祭等）、健康・安全、旅行・宿泊、勤労の生産・奉仕等の行事の計画・準備・実施・評価
⑦ 部活動（中学校・高校）：学校の教育課程外[8]

・各種課外活動部の顧問
・対外試合の引率・管理

2）学校の運営（校務分掌も含む）
① 校務分掌
・いくつかの学校管理・運営業務を分担して計画、準備、実施、評価
② 校内の会議：**職員会議**[9]、学年会議、教科会議、成績会議、学校評議
　　　　　　　　会等に参加、発言
③ 個別打合せ：生徒指導等の情報交換
④ 事務
・報告書、調査・統計への回答（国、教育委員会等の依頼）
・学納金の処理・徴収（給食費、部活動費等）
・業務日誌記入、資料・文書の作成
・学校予算の処理関係書類作成
⑤ 校内研修
・定例研修会、研究会、授業見学と検討会等

3）外部対応
① 保護者・PTA対応
・保護者会、保護者の面談や電話連絡、家庭訪問等
・PTA関連活動、PTAボランテイア対応等
② 地域対応
・町内会・地域住民への対応・会議
・地域行事、地域安全活動への協力
③ 行政・関係団体対応
・行政・関係団体、来校者への対応等

4）校外出張
① 校務としての研修
・初任者研修、10年研修、校務分掌にかかわる研修、出張研修

②　校外会議・打合せ（出張を伴う会議も含む）

5）その他の雑務

　以上、教師の仕事は学習活動（授業）をコア（核）としつつも、日常の生徒指導を学級単位で協働して行う、児童・生徒の全人的成長・発達に複数の視点からかかわり、支援するケアワークであることがわかるだろう。

（2）主な職階とその職務

　職階とは職務上の階層を意味する。教師の職階は校長、副校長、教頭、主幹教諭、指導教諭と大多数の教諭の順である。（副校長、主幹教諭、指導教諭の設置は任意。校長、副校長、教頭は管理職）
　その職務は以下である。（学校教育法第37条,2008年改正）
1）校長：公務をつかさどり、所属職員を監督する。
2）副校長：校長を助け、校長から任された校務を自らの権限で処理する。校長に事故があるときはその職務を代理し、校長が欠けたときはその職務を行う。
3）教頭：校長（校長および副校長）を助け、校務を整理し、および、必要に応じ児童・生徒の教育をつかさどる。学校運営の総合調整機能を果たす。校長（校長および副校長）に事故があるときは校長の職務を代行し、校長（校長及び副校長）が欠けたときはその職務を行う。
4）主幹教諭：校長（校長および副校長）および教頭を助け、命を受けて校務の一部を整理し、並びに児童・生徒の教育をつかさどる。
5）指導教諭：児童・生徒の教育をつかさどり、ならびに教諭その他の職員に対して、教育指導の改善および充実のために必要な指導および助言を行う。教育指導の専門性を高め、現場でキャリアの向上を図る使命感を持つ職である。

　さらに、学校の教育活動を円滑に進めるために**主任（主事）**制が敷かれている。主任（主事）とその職務は以下である。
（学校教育法施行規則44, 45, 70, 71条）

① 教務主任（小・中・高）：校長の監督を受け、教育計画の立案その他の教務に関する事項について連絡調整および指導、助言に当たる。指導教諭・教諭を充てる。
② 学年主任（小・中・高）：校長の監督を受け、当該学年の教育活動に関する事項について連絡調整及び指導、助言に当たる。指導教諭・教諭を充てる。
③ 保健主事（小・中・高）：校長の監督を受け、学校における保健に関する事項の管理に当たる。指導教諭・教諭を充てる。
④ 生徒指導主事（中・高）：校長の監督を受け、生徒指導に関する事項をつかさどり、当該事項について連絡調整および指導、助言に当たる。指導教諭・教諭を充てる。
⑤ 進路指導主事（中・高）：校長の監督を受け、生徒の職業選択の指導その他の進路の指導に関する事項をつかさどり、当該事項について連絡調整および指導、助言に当たる。指導教諭・教諭を充てる。

各学校では必置する主任や主事のほか、校務分掌の各部に主任を置き学校運営を組織的に行えるように工夫している。各部の主任がリーダーシップを十分に発揮し、校務分掌間の連携を有機的に図っていくことが地域社会に開かれた活力ある学校づくりに繋がっていく。

（3）日本の教職の独自性

教師になることを「教壇に立つ」とも言う。学園ドラマのイメージでは次のような光景がよく登場する。「自分の前に子どもたちが座っていて自分の後ろに黒板があって、熱く語る自分がいる」このように、授業は目立つし、教師の仕事の象徴であるが、前節（1）（2）で述べたように、様々な多岐にわたる仕事がある。

さて、日本の教職の特性は何か、3つ考えられる[10]。

1）無境界性

授業でも学級経営でもここまでやれば終わりというものがない。意欲次第でいくらでも良いもの（卓越性）を追求できる可能性がある。子どもたちのため

にやりすぎてしまい、オーバーワークになりかねない。

2）複線性

種類の違う多様な仕事を同時に並行して担わなければならない。知識・技能を教えるだけでなく、トータルな人間形成にかかわることが期待される。多面的に子どもの成長にかかわることでやりがいや手ごたえなど充実感が満たされる。無制限な責任に繋がる危険性、多様な仕事が予期せぬ形で一度に押し寄せてくるために仕事の見通しのなさや忙しなさで消耗感を生みかねない。

3）不確実性

何が良い教育なのかという安定した一義的な基準がない。教師の自律性の尊重を要求する根拠でもあり、創造的な実践が生まれる基盤になる。達成感が得られず常に不全感や不安感が付きまとうため、確かさを求めてマニュアルに依存したり他と歩調を合わせたりする傾向を生み出す危険性もある。

この3つの特性が同時並行的に展開しているのが現代の学校であり、教師の多忙化とバーンアウトの問題が顕在化している。

教職が専門職としてあるためにクリアすべき問題と考えるが、その職務の包括性・多様性ゆえに教師個人でバランスよく「専門的な知識と特別な技術」を身につけ、学校内外の実践の場で遂行するのは困難である。現在の教師は様々な報告書の作成や保護者対応に忙殺されるなど、仕事量の増加に伴い、時間的に余裕が持てなくなりつつある。今後は「チーム学校」のもと、分業的・協働的な働き方が推進される。スクールカウンセラー[11]やスクールソーシャルワーカー[12]等の外部の専門家の支援も活用しながら、集団的専門性や組織としての専門性の遂行が求められてこよう。

3　教師の服務

教師の服務（勤務に関して守るべき規律）は何かを整理しよう。ここでは、『教育職員免許法』が規定する法的な名称である「教員」を使用する。公立学

校の教員は地方公務員であり、また、教育公務員である。服務に関しては地方公務員法（以後「地公法」）や教育公務員特例法（以後、「教特法」）の適用を受ける。国立大学付属学校の教員は国立大学法人の職員で国家公務員法に基づき、私立学校の教員は学校法人の職員で各学校法人の就業規則でそれぞれ服務のあり方が規定される。ここでは公立学校の教員の服務に焦点化して検討する。国立学校、**私立学校でもこれに準じた運用**[13]がなされているところが多いからである。

（1）服務の基準

公務員は「**全体の奉仕者**として**公共の利益**のために勤務し、かつ職務の遂行に当たっては全力を挙げてこれに専念しなければならない」（地公法第30条）と規定され、これが服務の基本条件となっている。そのキーワードは以下の2つである。

1）全体の奉仕者

公務員である学校教員はいずれかの学校で学ぶ日本中の子どもたちを育てる重要な役割を持つ。公務員である教員は子どもたちの教育を通して、すべての国民の役に立つ仕事をしていることになる。「全体の奉仕者」と言われるのである。

2）公共の利益

公務員である教員が子どもたちを健全に育てあげれば、やがてその子どもたちが国家を支え、社会貢献できる主権者となる。国家は維持され、発展していく。まさに教員の仕事は「公共の利益」の実現のためにある。

（2）県費負担教職員の任命権と服務監督権

都道府県立学校に勤務する教員の任命権者と服務監督権者は同一で都道府県の教育委員会である。市町村立学校に勤務する教員の任命権者は都道府県の教育委員会（政令指定都市を除く）であるが、服務監督権者は勤務する学校を設置する市町村教育委員会になる。任命権が都道府県にあるのは、市町村の財政

規模により教員の確保や教育の質に格差が生じないようにするためである。また、教員の給与の多くは都道府県が負担[14]し支給している。市町村立学校に勤務の教員は「県費負担教職員」と言われる。

(3) 服務の義務と身分保障
 1) 職務上の義務
教員が勤務時間内の職務上の義務は3つある。
 ① 服務の宣誓（**地公法第31条**）
　　公務員に就任するときには服務の基本方針を自覚し日本国憲法等の法令を遵守することを約束する「服務の宣誓」をしなければならない。全体の奉仕者として誠実かつ公正に取り組むことを住民に宣言するわけである。実際の服務の宣誓は任命権者が定める公務員を立会人として宣誓書に新規採用教員が署名捺印したり、宣誓書の朗読の後に署名をしたりして実施される。
 ② 法令等および上司の職務上の命令に従う義務（**地公法第32条**）
　　すべての公務員はその職務にあたり、法令、条例、地方公共団体の規則等に従うことが義務づけられている。また、公務員である教員は校長ら**上司**[15]の「**職務命令**」[16]に従う義務がある。職務命令とは日常的に教員に文書や口頭で命じるものすべてが考えられる。
 ③ 職務に専念する義務（**地公法第35条**）
　　公務員である教員は全体の奉仕者として、公共の利益を実現できるように「職務に専念する義務」がある。教員の勤務時間および職務上、身体活動や精神的活動の注意力すべてをその職務遂行のために使い、責任を有する職務にのみ従事する必要がある。

 2) 身分上の義務
公務員の身分になると、勤務時間中だけでなく私的な時間においても公務員として求められる義務が発生する。以下5つである。
 ① 信用失墜行為の禁止（**地公法第33条**）
　　職務に関係ない行為や勤務時間外でもその職の信用を傷つけ、職全体の

不名誉になるような行為をしてはいけない。法律違反、犯罪行為、ハラスメント、金銭管理にも十分注意する必要がある。

② 秘密を守る義務（**守秘義務**）

「職員は職務上知りえた秘密を漏らしてはならない。その職を退いた後もまた同様とする」（**地公法第34条**）

子どもたちや保護者の個人情報に触れる機会の多い教員は守秘義務の高い自覚が要求される。通知表、指導要録の成績評価、試験問題、保護者の家庭事情、教職員の人事情報等、その取り扱いには最新の注意が肝要である。職務上、組織的対応をする機会も増えつつある。「チーム内守秘義務」を意識したい。飲食場での会話は特に注意を要する。できれば個室で話すなどの配慮も時には必要である。

③ 政治的行為の制限（**地公法第36条,教特法第18条**）

公務員である教員は2つの法律で政治的な中立性が要求され、政治的行為が制限される。特定の政党活動に関与したり、子どもたちや保護者への言動に十分注意すべきである。

④ 争議行為等の禁止（**地公法第37条**）

日本国憲法では労働者の三権（団結権、団体交渉権、争議権）を保証している。公務員である教員は全体の奉仕者であり、その職務を放棄した争議行為（ストライキ、サボタージュ等）を厳しく禁止している。学校では、子どもたちへの教育大きな精神的なマイナスの影響も考えられるからである。その代わりに公務員には法律上の身分保障と勤務条件が定められ、人事行政を行う人事委員会が設置されている。

⑤ 営利企業等の従事制限（**地公法第38条,教特法第17条**）

公務員は営利企業からの報酬を得る等、厳しく制限されているが、教員には特例があり、本務の遂行に支障がないと任命権者が認める場合は、教育に関する他の職を兼ね、給与を受け、又は受けないで教育事業や事務に従事することができるとされている。教員の能力を広く社会に活用し、また、自らの資質能力の向上に役立つと考えられるからである。

3）手厚い身分保障

教員の身分保障は他職に比べ手厚く、仕事の継続性と安定性が担保されている。自らの意思による場合を除いて、法令等に定めのある事由以外にその意に反して不利益な処分を受けることはない。この身分保障は争議行為等の禁止の代償措置に1つである。

身分保障には以下の原則がある。

① **分限**[17]及び**懲戒**[18]について公正でなければならない。（地公法第27条1項）
② 法律または条例に定める事由による場合でなければ、その意に反して降任、休職、免職または懲戒処分を受けることはない。（地公法第27条2項,3項）

ただし、欠格事項該当の場合は失職する。（地公法第26条、第28条4項）

4．教職の課題

今後の教職の課題はどのようなものか、2020年以降、AIやグローバル化等、社会の加速度的な発展が急速に進み、教育改革が目白押しの中であらためて、今後求められる教職の課題は何か、いくつかに分けて考えてみよう。この節では「教師」の呼称とともに、法律用語の「教員」も併用して使い、同義とする。

（1）教師の養成と研修
1）教員養成

戦後の教員養成の基本理念は「免許状主義」「大学における開放性教員養成」の2点が考えられる。「教育職員免許法」（第3条）では「教育職員はこの法律により授与する各相当の免許状[19]を有する者でなければならない」とされ、学校種、教科等に応じた免許状[20]をもつことが義務づけられている。次に開放性の意義は私立大学を含めたあらゆる一般大学等でも教員免許状の取得を可能にした点である。すなわち、所定の単位を取得すれば、教職課程があるどこの大学[21]でも免許状が取れるのである。また、高等教育機関である大学での教員養成は、学問の自由に立って、幅広い教養と専門的な学識を身につけた者

が教師になれるという意義が考えられる。2011〜12（平成23〜24）年にかけて、「学び続ける教員像」を提唱した中教審答申「教職全体を通した教員の資質能力の向上方策について」では今後の教員養成のあり方について、「教職生活に入る前の高度な専門性[22]、社会性、実践的な指導力を身につける最初の段階と位置付け、教員としての総合的な力量の育成を重視するべきである」と述べている。教育委員会と連携した学校現場での体験機会の充実、いじめ等の生徒指導にかかわる実践力の向上や大学の最終学年に位置づけられた**教職実践演習**〈2010（平成22）年度入学生から導入〉の確実な実施が求められている。さらに、大学等の教職課程認定の厳格化等質保証の改革の一環として、2018（平成30）年4月までにすべての教職課程をもつ大学は再課程認定申請（コアカリキュラムの作成等）の提出が命じられている。

2）教員研修

教員研修は様々な場と機会で進められる。なぜなら、教育基本法第9条に「法律に定める学校の教員は、自己の崇高な使命を自覚し、絶えず研究と修養に励み、その職責の遂行に努めなければならない」と規定されているからである。また、教育職員特例法にも様々な研修規定があり、研修の権利と義務が明記されている。

教員の研修制度は制度としての研修と自主的な研修、大きく2つに分けられる。

① 制度としての研修
- 法定研修

  初任者研修[23]、10年研修[24]、教員免許更新制[25]、指導改善研修[26]、学習指導要領改訂の伝達研修[27]、職能に応じた研修（生徒指導主事研修、校長・教頭研修等）、専門的な知識・技術研修（教科、生徒指導等）など多岐にわたる。
- 職専免研修（職務専念義務免除の便宜を与えて行わせるもの）[28]
- 大学院修学研修[29]
- 学校内研修

② 自主的な研修（勤務時間以外）

1999（平成11）年教養審第三次答申では、大学院等で自主的な研修を保証する「休業制度」の導入が提言された。その後本人の希望で身分保障されたまま、休職して大学院入学も可能になった。
　2017（平成29）年から都道府県は指標を設定し、教員研修を生涯にわたる学びの場として組織化することが求められた。（中教審答申2015）
　「学び続ける教員像」が志向される現在（中教審2012）、高度専門職業人として、「チーム学校」を支える自律的な専門的な職能集団として、学び合い、高め合う環境醸成が今後求められよう。

（2）未来の教師像と新たな教師の役割
　1）未来の教師像〜近年の中教審答申から
　① 学び続ける教員像
　2012（平成24）年8月28日、中央教育審議会（中教審）は「教職生活の全体を通した教員の資質能力の総合的な向上方策」を答申した。今後の教員養成の方向性について「これからの教員に求められる資質能力」をまとめている。2005（平成17）年答申と比較すると「実践的指導力」「同僚と協働し、地域と連携して対応する力」新たに求められ、「学び続ける教員像」が強調された。
　これからの教員に求められる資質能力はそれぞれ独立に存在するのではなく、省察する中で相互に関連しながら形成されることに留意する必要性を述べ、以下のように整理されている。

　○教職に対する責任感、探求力、教職生活全体を通じて自主的に学び続ける力（使命感や責任感、教育的愛情）
　○専門職としての高度な知識・技能
　・教科や教職に関する高度な専門的知識（グローバル化、情報化、特別支援教育その他の新たな課題に対応できる知識・技能を含む）
　・新たな学びを展開できる実践的指導力（基礎的・基本的な知識
　・技能の習得に加えて思考力・判断力・表現力等を育成するため、知識・技能を活用する学習活動や課題探求型の学習、協働的学びなどをデザインできる指導力）
　・教科指導、生徒指導、学級経営等を的確に実践できる力

○総合的な人間力（豊かな人間性や社会性、コミュニケーション力、同僚とチームで対応する力、地域や社会の多様な組織などと連携できる力）

② これからの教員に求められる資質能力

さらに、中教審は2015（平成27）年、12月21日「これからの学校教育を担う教員の資質能力の向上について～学び合い、高め合う教員育成コミュニテイの構築に向けて～」を答申した。

「これからの教員に求められる資質能力」について、中教審は、以下のような新たな提言をした。

○これまで教員として不易とされてきた資質能力に加え、**自律的に学ぶ姿勢**を持ち、時代の変化や自らのキャリアステージに応じて求められる資質能力を**生涯にわたって高めていくことのできる力**や、情報を適切に収集し、選択し、活用する能力や知識を有機的に結びつけ構造化する力。

○**主体的・対話的な深い学び**（アクティブ・ラーニング）の視点からの授業改善、道徳教育の充実、小学校における外国語教育の早期化・教科化、ＩＣＴの活用、発達障害を含む特別な支援を必要とする児童生徒等への対応などの新たな課題に対応できる力量。

○「**チーム学校**」の考えの下、多様な専門性を持つ人材と効果的に連携・分担し、組織的・協働的に諸課題の解決に取り組む力。

OECDの国際教員指導環境調査（TALIS）の参加国が2013年調査では34か国に増加している。時代の教育の成否、ひいては各国社会の行く末が教員に懸かっているとの認識の下、教員の育成に高い関心を持ち教員政策に全力を傾けるのが世界の潮流である[30]。社会変化が加速しまた新しい教育への期待が高まる中、教員一人ひとりがその職は高度なものであり、国家社会の活力を創り出す重要な職であるとの誇りを持ちつつ、高い志で自ら研鑽に励む重要性が認知されつつある。「教育は人なり」の理念のもと、教員の資質能力の向上は教員自身の責務とともに、国や地方自治体等教育関係機関にとても重要な責務と考えられよう。

2）新たな教師の役割

　教員の資質能力は多様化し、すべての資質能力を高度なレベルで目指すのは現実的でない。個性豊かな人材の専門的職能集団として、各教員が得意分野づくりや個性の伸長を図ることが肝要(かんよう)である。また、教員間、教員以外の各種専門家、さらに、PTA等の保護者、地域社会との連携・協働が重要であり、協働して指導・支援にあたる総合的な人間力（社会性、コミュニケーション力、カウンセリング力）を各答申は求めてきた。

　今後は、新しい課題が山積みの中、あらためて、専門職として高度な知識・技術を備えた、子ども中心主義、教育への高い意識（使命感、強い情熱）を持った**発達支援的な教師**が求められよう。

　最後に、未来の教師を支える哲学を唱えた2人の人物を紹介しよう。20世紀で最も影響を与えた心理療法家、来談者中心療法の開発者であるカール・ロジャーズと児童中心主義を掲げ、大正新教育運動を推進した澤柳政太郎(さわやなぎまさたろう)である。

① ファシリテーター（facilitator of learning）としての教師

　　カール・ロジャースは「学習促進者になる」という論文の中で教育の目標を教えることから学習を促進させることへと転換しなければならないと述べている。また、教師にも学習促進者（facilitator of learning）への変化を求めている。ファシリテーターの視点は「子どもが周囲を気にせず、好奇心をむき出しにし、平気で間違いをおかし、環境から級友からわたくしから経験から自由に学習できるようになるような心理的風土をどうしたら創りだすことができるだろうか」を問いかける。教師がファシリテーターになるために7つの問いかけをしている。

○「子どもはどんな気持ちだろうか」
　　学習している子ども自身の世界に入っていき、その子にとって意味があることは何なのかを理解する必要がある。
○「関係に自分を賭けられるか」
　　子どもをひとりの人間として、尊敬する人物として尊重し、関係の中で自分自身のありのままの姿を示し、素直で人間的な関係を築くこと。これは来談者の治療的人格変化をもたらすカウンセラーの態度条件[31]とした

3条件「自己一致」「無条件の肯定的配慮」「共感的理解」に相当する。
○「生徒の興味は何か」
　子どもたちが興味や情熱を示すものは何なのか。それを心から知りたいという思いを示す必要がある。
○「いかにすれば探求心を解放することができるか」
子どもたちの好奇心探求心を持続させ、解放させる必要がある。
○「学習資源の提供」
　教えるのではなく、子どもたちが利用できる学習の資源を物心両面から準備し、想像力に富んだ仕方で提供する。
○「創造性」
　創造的な子どもの中に時々、みられる厄介な、ときには傲慢で奔放な質問や回答する子どもを自分自身の枠に押し込めようとしないことが大切としている。
○「身心一如を受け入れる余地はあるか」
　子どもたちの知的生活だけなく、情的な生活をも発展させるように援助することが重要である。

以上のことから子どもたちは好奇心をむき出しにし、平気で間違いをおかし、相互に関わり合いながら学ぶ風土がつくられる。
　子どもたちの「主体的で対話的な深い学び（アクティブ・ラーニング）」の素地や環境が創られるのである。

　② 支援者としての教師
　澤柳政太郎は明治後半から昭和初期にかけて近代日本の教育界に多大な貢献をした人物である。澤柳教育学の体系化の中では4つのことが強調されている。児童中心主義、教育の実際性、科学性、教師の存在とその役割である。ここでは、澤柳の教師論を取り上げる。
　澤柳の教師論は多様な体験と鋭敏な感性で時代を色濃く反映した明快な記述であり、1900（明治30）年代の当時の教師たちに感銘を与え、多大な影響を及ぼした。澤柳は「教師の職は最も高尚である」という節の中で、教職の高尚性の根拠を3つ挙げている。「教職の利他性」「自由性」「人間の発達支援性」である。

澤柳は教師の存在と役割の重要性という普遍的な結論は常に彼の思想の核となっていた。晩年、教育活動の集大成として「私立成城小学校」を開設し、日本の新教育のオピニオンリーダーとして活躍する。「私立成城小学校創立趣意」の中で現代にも生きる以下4つの支援的教師像を求めていた。

○子どもを愛し子どもを理解し、同情できる敏感な温かい心
○科学的素養とその熱意
○教えつつ学ぶという生活信条
○児童教育が趣味であり、楽しむほどの子ども好き

澤柳は「教育者は常に児童の地位に身を置き児童になり切るを務めたし」と成城小学校の教師たちに「支援者」としての姿勢を求めていた。（中村正巳「澤柳政太郎」2001）

【注】
1）下中弥三郎（1878 – 1961）により「教育者の互助団体」として結成され、1920年、「日本教員組合啓明会」と改称した。これは日本初の教育組合とされる。「教育改革の四綱領」として①教育理念の民衆化、②教育の機会均等、③教育自治の実現、④教育の動的組織を発表し教員たちの生活改善要求を掲げる運動を展開した。

しかし、政府による弾圧や昭和初期の軍国主義的な風潮の中で衰退し、1930年に解散させられた。

2）『教員の地位に関する勧告』第6項では次のように書かれている。「教員の仕事は専門職（profession）とみなされるべきである。この職業は厳しい、継続的な研究を経て獲得され、維持される専門的知識および特別な技術を教員に要求する公共的業務の一種である。また、責任を持たされた生徒の教育及び福祉に対して、個人的および共同の責任感を要求する者である。」

3）1966年頃紹介された、リーバーマン（Lieberman, M）は専門職論で以下のような専門職の条件を示した。①範囲が明確で社会的に不可欠な仕事に独占的に従事する。②高度な知的技術を用いる。③長期の専門的教育を必要とする。④従事者は個人としても集団としても広範な自律性が与えられている。⑤専門職的自律性の範囲内で行った判断や行為について直接に責任を負う。⑥営利でなくサービスを動機としている。⑦包括的な自治組織を形成している。⑧適用の仕方が具体化されている倫理綱領を持っている。教職がこれらすべての条件を満たしてないのは周知の事実である。専門職として今後の改善が待たれる。

4）義務教育（小・中）のみ、教科に移行予定。2018年から小学校、2019年から中学校が順次実施。

5）小学校の外国語活動は2020年から3・4年で実施、5・6年は教科外国語として指導強化される。
6）成績表、通信簿とも呼ぶ。児童・生徒の学習状況等についての学校から保護者あての通知書法制上の規定はなく、慣行として定着している。学業成績等の公文書は指導要録であるが、通知表は必ずしも指導要録に拘束されず作成されてよい。
7）各学校（幼・小・中・高）の児童・生徒の学習及び健康の状況を記録した書類の学籍・指導の原簿。校長は作成義務を負い、転学、進学の際は抄本写しを送付し常に指導に資するとともに各種の証明に使われる。学校の保存期間は20年とされ（学校教育法施行規則）、学校が廃止された場合の保存についても規定されている（同法施行令）。学習指導要領の改訂ごとに指導要録も改定される。1949年から戦前の学籍簿に代わり、この呼称になった。
8）部活動は生徒の人間形成には大きな役割を果たしている。学習指導要領総則で以下のように記されている。「生徒の自主的、自発的な参加により行われる部活動についてはスポーツや文化及び科学に親しませ、学習意欲の向上や責任感、連帯感の涵養等に資するものであり、学校教育の一環として教育課程との関連が図られるよう留意すること」（文科省『中学校学習指導要領』2008年　p.19）各顧問は指導可能な部活動から優先的に割り当てる原則だが、少子化の影響でその願いが叶わないこともあり、顧問の負担が重いと感じる教師が年々増えつつある。中教審答申では可能な限り、外部の専門的な人材を登用することが明記された。
9）学校の組織が複雑になるほど全構成員で共通理解を図る場が必要となる。その1つが校長主宰の定例又は臨時に「職員会議」が開催される。（学校教育法施行規則第48条）職員会議は校長の補助機関であり学校教育目標の実現のために校長の学校運営方針の周知や教職員の意見交換、各校務分掌からの事務連絡の場となっている。
10）注記2 前掲書
11）スクールカウンセラー：SC（school counselor）は心の問題の専門家として小・中・高校で生徒や保護者の悩みを聴き、カウンセリング的サポートをする。原則週一回非常勤勤務である。SCの大半は臨床心理士だが、担う資格（ガイダンスカウンセラー等）の拡充も検討されている。1995年度から旧文部省が派遣し始め、不登校対策等、心のケアで一定の評価を得た。公立小中学校25,500校に配置（2016年現在）。2019年度までに全公立小中学校27,500校に配置完了予定。
12）スクールソーシャルワーカー（SSW）は子どもの家庭環境による問題（虐待、貧困等）に対処するため、教員を支援したり、関係機関と連携を図る福祉の専門家である。SSWは子どもを取り巻く環境に働きかけ、保護者や教員を支援する。原則、社会福祉士や精神保健福祉士等の資格が必要だが、教員OBもいる。非常勤で教育委員会に配置されて学校に派遣される。国は2008年度から都道府県に対してSSW配置補助事業を始めた。2017年現在3,000人が配置。2019年度までに全中学校区に約10,000人の配置

を予定している。

13) 教育基本法第8条「私立学校の有する公の性質及び学校教育において果たす重要な役割にかんがみ、国及び地方公共団体はその自主性を尊重しつつ、助成その他の適当な方法によって私立学校振興に努めなければならない」に規定されているように私立学校も「公の性質」を持ち、「学校教育への重要な役割」を担い手であるから、処遇や身分において公立学校と同様な配慮が求められる。私立学校教員の任用資格も教員免許状取得という積極的資格要件と欠格条項という消極的資格要件が適用される。

14) 給与の3分の2を都道府県、3分の1を国が負担している。

15) 上司とは何か。上司には「身分上の上司」と「職務上の上司」があり、両者は通常一致する。市町村立小中学校（県費負担教職員）の場合、身分上の上司は任命権者の都道府県教育委員会であり、職務上の上司は服務監督権のある市町村教育委員会である。各学校の職務上の上司は校長、副校長、教頭、主幹教諭である。

16) 職務命令は以下の3つの有効条件を満たす必要がある。①上司から出されたものであること。②命令を受けた教員の職務の範囲であること。③命令が法律に違反していないこと。

17) 分限処分といい、身分の限界を超えて、勤務実績がよくなかったり、心身のために職務執行に支障が出たり、適格性を欠く場合に職員の意に反して行われる処分。降給、降任、休職、免職の4段階がある。

18) 職員の義務違反（法令違反、職務怠慢等）に対して懲罰的に制裁が実施される。戒告、減給、停職、免職の4段階がある。

19) 普通免許状には学校種ごとに教諭免許状、養護教諭、栄養教諭、特別支援教諭の免許状がある。それぞれが専修免許状（大学院修士修了）、一種免許状（大学卒業）、二種免許状（短大卒業）の3段階で区分されている。

20) 幼稚園から高校、特別支援学校すべての教員免許状合計授与件数は約22万件（2016年）である。複数免許取得のケースも多いので、一人で2つの免許を取得すると考えると、約11万人程度が教員免許保持者になる。2016年3月の短大・大学・大学院卒業生が約67万人だから、6人に1人は教員免許取得者と考えられる。2012年当時の高校卒業者は106万人だから、同世代に換算すると10人に1人は教員免許を持っていると推定される。2015年度に採用された教員数が約3.2万人だから7.8万人以上が教育実習をしても教員になれないことになる。「教育実習公害」という言葉が生まれる背景がここにある。しかし、多様な人材から優秀な教員を広く求めるにはやはり採用数の何倍かの免許授与数が必要なのも確かである。

21) 大学の教員養成は3つに大別できる。①国立の教員養成大学・学科（かつての師範学校を母体）、②国公立の教育学部・学科、③上記①②以外の国公私立大学で教職課程を持つあらゆる学部・学科。

22) 将来的に、教員養成を修士レベル化（教員養成6年制）し、高度専門職業人と位置

づけた。修士レベルの「教職大学院」制度を発展拡充し、すべての都道府県に設置を推進しようしている。2016年現在、45大学（国立39校私立6校）、38都道府県設置。また、「教師インターン制」も検討されている。高度な実践的指導力を備えた教員を養成する教職大学院は2006年,中教審が創設を提言し、2008年4月1日に19校が開設された。入学対象は現職教員、学部卒業者等。標準終了年限は2年。45単位以上取得で修了時に教職修士の学位が授与される。

23）1989年から始まり、教員採用後、1年間続く研修である。その目的は初任者に学級や教科・科目を担当しながら、教師としての基礎的素養、学級経営、教科指導、道徳、特別活動、生徒指導等、職務遂行に必要な基礎的事項を習得させることにある。校内研修は週2日程度、年間60時間程度で指導教員を中心に各教師が連携協力して当たる。校外研修は週1日程度、年間30日程度行う。研修センター等での講義、演習、実技指導や他校種の学校や社会教育施設、福祉施設、民間企業での体験学習もある。都道府県教委主催の4泊5日程度の宿泊研修もある。

24）教員として10年が経過すると任命権者（各都道府県）が主催して行う研修である。2002年中教審「今後の教員免許のあり方」に基づき制度化された。校長は各教員の能力・評価に応じた研修計画書を作成し都道府県教育委員会に提出する。決定された研修計画書に基づき、長期・冬季休業中に年間20日程度、都道府県教育センター等で実施する。並行して20日程度、校内研修を行う。研修終了後、校長は評価し、教育委員会に報告する。都道府県教育委員会はその評価結果を研修対象者の指導・研修に活用する。

25）2009年から教員免許状に一定の有効期間を定め、免許状更新講習の課程（を修了した教員に更新を認める制度である。その目的は「教員として必要な資質能力が保持されるよう、定期的に最新の知識技能を身につけることで、教員が自信と誇りを持って教壇に立ち、社会の尊敬と信頼を得ることを目指す」とされている。基本的な仕組みは原則として免許状有効期限の満了日の2年2か月から2か月前までの2年間に大学等が開設する30時間以上の更新講習を受講・終了した後、免許管理者の都道府県教育委員会に申請しなければならないと規定されている。2016年度から選択必修領域（6時間）が加えられ、必修領域（6時間）と選択領域（18時間）を合わせて計30時間に変更された。開設する大学等では受講しやすいように長期休業中や土日の開校を基本としつつ、「通信・インターネットや放送による形態」等も認められている。

26）2007年、教育公務員特例法が改正され、任命権者（都道府県）は児童生徒に対する指導が不適切と認定された教員に対して、指導改善研修（期間は1年以内）を実施が義務化された。（教特法25条）指導改善研修を受ける教員ごとに任命権者は研修計画書を作成・実施し、研修終了時に改善の程度の認定を行う。に任命権者は「指導が不適切な教員」と認定された教員に対して「免職その他必要な措置」を講ずると規定されている。（教特25条の3）その他、必要な措置とは教職以外の行政一般職への転職

が考えられている。

27) 約10年おきに改定される学習指導要領（法的基準性を持つ）の内容が教員委員会のネットワークでトップダウンの形で伝えられる。同時に教科書も変更される。

28) 職専免研修は教員としての成長を促すと判断される場合に許可されるものである。命令研修と異なり、旅費の支給もなく校務災害の適用もない。事前に研修承認願を出して許可される必要がある。

29) 1998年、教員養成審議会の第二次答申では、大学の修士課程を積極的に活用し、専修免許状を取得するなど高度で充実した現職教員の再教育が提言された。また、2012年の中教審答申では教員養成制度を大学院修士課程で完結する「修士レベル化」が提言され、従来の大学院に加えて、教職大学院が充実され、学びの機会は増えつつある。大学院には校長等の推薦で教育委員会から派遣が主となっている。

30) 2011年の一般教書演説で米国のオバマ大統領は「この国を良くしたいと思うなら、そして子どもたちの未来に影響を及ぼしたいと思うなら、**教師になりなさい**」という見解を述べている。

31) カウンセラーの3条件を来談者に伝えていくプロセスを「傾聴」と言い、その結果、自分のことをわかってくれている、親身になって聴いてくれるというラポール（信頼関係）が作られる。来談者中心療法では来談者を受容し支持する態度を示しつつ、来談者が話す内容や意味を明確化することが来談者自身の気づきを促進し変容への歩みを援助すると考える。

　　カウンセラーの態度3条件を詳しく紐解くと以下である。
　① 自己一致：態度に表裏なくありのままで純粋であること
　② 無条件の肯定的尊重：審判・批判的な態度でなく、来談者の存在を無条件に受容すること
　③ 共感的理解：来談者の内側の世界を感じ、同時に自分を見失わないこと

> 学習課題

（1）教師の様々な呼称について、4つに分けてまとめよう。
（2）4つの教職モデルについて、整理してまとめよう。
（3）教職の専門性とは何か、3つの視点からまとめよう。
（4）教師の職務について4つに分けてまとめよう。
（5）教師の主な職階にはどんなものがあるか、まとめよう。
（6）日本の教師の独自性について、3つに分けて説明しよう。
（7）教師の服務について3つに整理してまとめよう。
（8）教員養成の現状についてまとめよう。
（9）教師の研修にはどのようなものがあるか、まとめよう。
（10）求められる教師像について2つに分けてまとめよう
（11）教師の新たな役割について2つに分けてまとめよう。

【参考文献】
井藤元編著『ワークで学ぶ教職概論』ナカニシア出版　2017
羽田積男・関川悦雄『現代教職論』弘文堂　2016
勝野正章・庄井良信編著『問いから始める教育学』有斐閣ストゥデイア　2015
砂田信夫編著『教職とは』教育出版　2014
山﨑洋二・矢野博之『新教職入門』学文社　2014
中田正浩・松田智子編著『次世代の教育原理』大学教育出版　2012
佐々木正治著『新中等教育原理』福村出版　2010
河村正彦編著『新しい教育の探求』川島書店　2003
中村正巳「澤柳政太郎」米山弘編著『教師論』玉川大学出版部　2001
高倉翔・加藤章・谷川彰英『これからの教師』建帛社　2000
Roger, C. Freedom to learn for the 80's, Bell & Howell, 1983
（伊藤博監訳『新・創造への教育2　人間中心の教師』岩崎学術出版社　1984）
小原國芳『師道』玉川大学出版部　1974

第9章

学校の経営組織

　学校現場では各教師が、目標を共有しともに力を合わせて、教科指導や生活指導、進路指導、学年経営や学級経営など数多くの業務に取り組んでいる。それらを効率的にかつ有効的に行うために、今後ますます組織としての「経営」が必要となってくる。

　学校が行う経営とは企業の「経営」利潤を追求する経営ではない。これからの日本を担う子どもたちが安心して、意欲的に学び、夢に挑戦、達成させるために学校とはどうあるべきか？　教師同士が励まし協力しあえる信頼関係の構築、誰もが役割意識をもてる教師間のチームづくりなど、組織を通し学校が行う「経営」というものについてこの章では紹介する。

1．組織としての学校

（1）学校経営

　学校経営を説明する前にまずは、教育経営という言葉の意味から入りたい。教育経営とは何か、『現代学校教育大辞典』第2巻を見ると、「教育の目的を効果的に達成するために、教育に関する組織・運営の主体と教育活動機能を総体的にとらえ、それらの計画と実施および改善の全体を総合的に把握していく概念」とされている。

　ということは、教育でいう経営は、ただ単に利潤を生みだす行為ではなく、愛情や義務感に基づく崇高な行為であり、営利企業が利潤を生みだすためだけに用いられる言葉ではないことがわかる。

（2）組織経営

　学校経営を組織経営といった観点から考察すると、学校経営とは「各学校が組織として目標を定め一定期間にわたりその目標を具現化、達成するために学校の中にある資源、予算・設備・情報・各教職員がもつ知識や経験、指導技術、学校外にある地域の教育施設や人材などの経営資源を駆使し、経営環境を最も有効な手段にて活用、効率的に児童・生徒の教育指導を円滑に実施する条件を整え、その維持や改善を図り教育の質の向上を目指す活動」である。

　経営は、校長により学校が示した、ミッション（目的・目標・使命・任務など）、ビジョン（教育目標の実現に向け、学校の将来像とそこに至る筋道を明らかにしたもの）を含めた教育目標の達成に向け、経営方針（学校経営計画）に基づき資源を駆使し、PDCAのマネジメントサイクルにのっとり、①Plan（計画）従来の実績や将来の予測などをもとにして計画を立て、②Do（実施・実行）その計画に沿って行い、③Check（点検・評価）そしてその実施・実行が計画に沿っているかどうかを確認し、④Action（処置・改善）実施が計画に沿っていない部分を調べて対処をしていく。

　この4段階を順次行うことにより、最後のActionを次のPDCAサイクルの計画、Pにつなげ、螺旋を描くようにしてサイクルを向上（spiral up　スパイ

ラルアップ）させ、教育活動のあらゆる場面で継続的に業務改善、充実を行っていくのである。これが学校経営マネージメントのプロセスである。

さて、このプロセスを遂行するには、教職員の共通の理解と協力をもった、体制が必要である。その協力体制をつくるには、目標に対する思い、やる気、満足感を高め、お互いの信頼関係の中、目標を達成するには、何をいつまでにどのようにしていくべきかを考える事であり、これこそが営利、非営利に関係なく「経営」ということになっていくのである。

では、学校経営でいうところの管理者やその対象者は誰なのか。

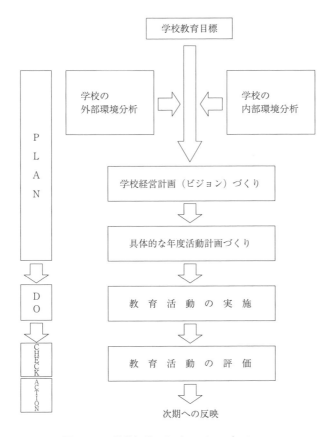

図9-1　学校組織マネジメントのプロセス
（出典：浅野良一「学校組織マネージメント」兵庫教育大学教職員大学院研究・連携推進センター　2011）

学校経営の管理者は国立学校ならば、国（ただし、国立大学は国立大学法人、公立大学は公立大学法人が設置する場合が多い）、公立学校は地方公共団体、私立学校に関しては設置者が管理者となる。

要は国、地方公共団体、学校法人は管理、責任を負い、教職員はその任をもって学校を円滑に動かす役割を担うのである。

ここで間違ってほしくないのが、学校経営は管理職だけが行うのではないということである。また教職員はただ、児童・生徒の指導だけをやっていればよいのではない。

教職員一人ひとりが共通の思いの中、意思の形成を図ると共に、意識をもって学校経営に参画し、組織として機能する、あらゆる場面で個々の教員が力を合わせ、継続的に教育活動を推進、PDCAのマネジメントサイクルに従い、業務の処理、処置、改善のために一人ひとりが考え努力し、みんなで経営に参加することが大切である。

では次に経営の対象となるものは何か触れておく。学校組織を構成する要素には、人的・物的・財的の3要件がある。これを分類、整理すると、人的要件は教職員、児童・生徒、保護者、地域を含む学校関係者。物的要件は施設、設備、教材、教具、環境であり、財的要件は学校財政、児童・生徒からの徴収費用等となる。これらの要件が合わさった要素が学校経営の対象となる。

ではそれらを合わせ、学校経営の守備的範囲はどのようなものになるのか、以下の5つのことが考えられる。

① 教育課程の編成

　　教育課程は教科学習における、教育活動の中心的計画で、学校経営の基準ともなる。

② 校務分掌の組織化

　　学校内外における教職員の教育活動を円滑化に向けられたあらゆる業務を校務といい、その校務を教職員の一人ひとりの適正をもって分掌化し、組織として各教職員が職務の遂行と責任をもって活動していかなくてはならない。

③ 児童・生徒の管理、組織化

　　義務教育は年齢における学年制をとっており属する学年が決まる。さら

に、児童・生徒の数、学習内容、また配慮が必要な子どもたちに対しても指導体制を組織している。

高等学校では、小・中で行っている、学年制に加え、単位制などの設置により従来の学年制とは異なる教育組織もある。また学科、コース、系や類などの組織体によっての指導体制をとることもある。

学校の施設・設備の管理においては、児童・生徒・教職員の安全と健康を第一に考え、重視した教育環境の整備であった。また近年、教育効果の向上を図るため、心理的影響を及ぼす施設・設備の在り方、また学校開放、社会教育との連携、地域の人びとの施設利用など、学社連携が叫ばれている中、いろいろな工夫を凝らした教育環境を作りだしている。

④ 保護者、地域、関連諸機関との連携

保護者は学校にとってもっとも身近な存在、関係者であり学校経営にとってなくてはならない、非常に重要な存在である。学校と保護者を結びつける組織として代表的なのがPTAであり、学校と共同し児童・生徒の育成に協力、支援している。

また「開かれた学校」との観点から、平成12年「学校教育法施行規則」の改正より始まった学校評議員制度、学校の教育目標や教育計画、教育活動に対し評議員（教員、児童・生徒以外）より率直な意見表明が開かれるようになった。これにより、外部者の学校に対する要望や意見を聞くことにより、よりニーズの高い学校経営がなされる。公立学校の場合、教育委員会も管理機関としてだけでなく、学校教育への支援、援助者としての役割も担っており、より強力な協力者である。

その他にも、警察、消防、保健所などの公的機関、社会教育団体などの諸機関との連携は学校経営において重要な部分である。

では、組織の「経営」「管理」という観点から、学校経営について考えてみることとする。

2．学年経営

（1）学年という集団

　学年とは、児童・生徒の年齢に基づいて、構成された同一学年としての単位組織を「学年」と位置付け、最初の学年を第1学年と呼ぶ。また修業年限のうち、1年を意味する概念でもあった。学年は、学校と学級との狭間に位置する単位として、学年経営の観点から学級という束の集まりである。

（2）学年経営の意義

　学年経営の意義が広く認識、重要視されるようになったのが、高度経済成長期、我が国のGNPが世界第2位なった1960年代頃からである。そこには社会的背景が教育界にも大きく影響していた。その理由に、都市化による学校規模拡大、また逆に過疎化における学校の統廃合にて学校規模の拡大化など、学内では実際は学年集団が軸となったことから学年経営が実質展開されていったこと、また、学校教育の現代化に伴って学級の問題を広く学年、学校全体の視野からとらえることが必要となってきたこと、保護者や地域からの学校への要求や要望が多様化、複雑化したため学級単位だけでは対処、対応できなくなったことが理由として挙げられる。

（3）学年経営の基本

　学年には、学年主任が配置され、学年主任中心に学校教育目標を基に学年団の教員が話し合いその学年の課題を見つけ出し、その課題をもとに教職員間で共有化を図り、学年目標を設定する。学年の教職員は、その目標達成に向け、計画的かつ、組織的に教育活動をPDCAのマネジメントサイクルに基づき、業務改善、充実を行っていくことになる。

　教育活動は基本的には個々の教員の専門的自律性を尊重してなされるべきであるが、学習指導や生活指導はそれぞれの担任がそれぞれ個別に指導する場合が多く、その結果、密室化、我流に流されやすい。それを防ぐためにも学年会議などで課題や問題の共通理解、認識を深める必要がある。

元々「学校」は公教育を担う社会的組織として教育の結果責任を負っており、学校教育目標の設定とその実現にむけたカリキュラムの編成・実施が重要となる。その場合、学年経営は教員個人や個別学級レベルでの諸課題と学校全体のそれとの調整を図る意味で重要である。

（4）学年経営の活動・展開
学年経営の活動について以下の活動項目がある。
① 学年目標の設定
　学校教育目標を基に学年団の教員が話し合い、その学年の課題を見つけ出し、その課題をもとに教職員間で共有化を図り、学年目標を設定する。
② 学級編成
　編制の際、考慮されている条件として生年月日、名字（五十音順）、生徒数、男女比、心身の発育度合、学業成績、性格・行動傾向、社会性、友人関係、通学区域、家庭環境などがあり、年度当初担任予定者が相談、検討の上、学級を編成する。
③ 学級経営方針の指示
　学年主任より担任に対し、学年目標を踏まえた学級経営案を立案。その指示、指導、援助を行う。
④ 学級相互の調整・情報交換
　学年主任主導の下、学級担任が一同に介し、学級における情報交換、相互間の調整その他諸問題を学年会議にて行う。
⑤ 教育課程の編成
　教務課と連携し、当該学年の教育課程の編成について調整、決定を行う。
⑥ 学習進度の調整
　教育課程にのっとって配当された教科の時間数など、各担任、また各指導教員間にて児童・生徒の学習理解、授業の進度について調整を行う。
⑦ 児童・生徒に対する生徒指導
　児童・生徒の学内外の生活状況を調査、安心、安全の場としての指導を行う。また問題行動の予知・予見やそれに対しての対応も行う。
⑧ 学年行事の計画・実施

当該学年の学事、行事について年間指導計画を企画・立案、円滑な実施を行う。
⑨　研究・研修活動
　　児童・生徒に対する教科指導や生徒指導における研修会、研究会、事例検討会など日々の教育活動に対する学習や活動の振り返りなどをもって検証を行い、研鑽を行う。
⑩　学年経営評価
　　学校関係者評価、自己評価、児童・生徒、保護者からのアンケート評価などから学年経営を検証、次へとつなげていく。
　以上の活動項目について、学年主任は学年の代表として、各課、教科間、学年間という縦列と学級という横列との関係について調整を行う。

3．学級経営

（1）学級という集団

　学級とは原則的には同一年齢の児童・生徒で構成、また同一の教育課程のもとで共同の学校生活、学習を営むための児童・生徒と担任教員からなる教育指導のために構成された組織集団である。
　教育を目的とした学級は、教員によって編制される継続的な集団で、児童・生徒、教員間のつながりを基に、人間関係組織を構築することを学級編成という。学級が、学校における、児童・生徒の生活基本単位となり、帰属意識を植え付ける準拠集団、また共通体験を得る学習集団として意義をもつ。

（2）学級編成

　小中学校の1学級あたり標準児童・生徒数は、2002年に制定された、「小学校設置基準並びに中学校設置基準」で40人以下と定められた。複式学級（学年ごとにクラスを編成するのでなく、複数学年で1クラスにする学級編制のことであり、過疎地などで学校規模が小さい場合に多く行われる）や特別支援学級（小学校、中学校、高等学校および中等教育学校に、教育上特別な支援を必要とする児童および生徒のために置かれた学級）を含めた標準児童生徒数である。

基本的に1学級40名を超えた場合は学級を増設し、1学級の児童・生徒数は20名〜40名までの間で編成される（例41人の場合21人と20人の2学級を編成）。わが国の1学級あたりの平均児童・生徒数（公立学校2010年調査報告）は、小学校28.0人、中学校33.3人である。また、学校が編成できる学級数は、「12学級以上18学級以下を標準とする」と「学校教育法施行規則」17条で定められているが、実際のところ標準学級数の学校は全体の20％にしか過ぎないのも現実である。

学級編成には2通りの方法がある。異質編制方式と同質編制方式である。異質編制方式とは、小中学校で採用されている方式で、以下①〜⑪までの項目から見て様々な児童・生徒を組織化する方法である。

同質編制方式は以下①〜⑪の項目のどれかに共通する児童・生徒によって組織化するもので、学力別学級、学習進度別学級、または高等学校のように理系、文系とわかれるような進路別学級などが該当する。

児童・生徒を学級に編成する場合、基本的となるのが以下の項目である。

① 生年月日
② 名字（五十音順）
③ 生徒数
④ 男女の比
⑤ 心身の発育・発達の度合
⑥ 学業成績
⑦ 性格・行動傾向
⑧ 社会性
⑨ 友人関係
⑩ 通学区域
⑪ 家庭環境

このような項目に基づき児童・生徒を配置、継続的な集団に組織することを学級編成と呼ぶ。

（3）学級担任の配置

小中高等学校の設置基準では1学級あたりの配置教員は1名以上と定められ

ている。

小学校では学級担任制にて、1人の担任が特定の学級に所属し、児童に対して、全教科を担当（一部専門的教科は他教員が担当することもある）する。

中学校・高等学校では教科担任制が多く、学級担任が存在しないわけではないが、特定教科の担任がその教科に関して複数の学級の生徒に対して学習指導を行う。教科担任の一部は学級担任としての任も担うのである。

（4）学級経営の展開

学級担任は学級を構成するメンバーで学級経営の中心として、日々の学級における教育活動に対し学級を経営していく。

小学校では、学級担任が全教科、道徳、特別活動、総合的学習の時間、生徒指導、教室の学習環境の整備、管理などの指導を行うことが基本である。

中学校・高等学校では、教科担任制にて教科の学習指導はそれぞれの教科の教員が行い、学級担任はホームルーム活動を含む特別活動の指導、生徒指導、道徳指導（中学校）、生徒のすべて（行動・学習、成績など）の管理、教室の管理、学習環境の整備を行う。

具体的に主な担任の業務を示すと以下の通りである。

① 学校教育目標の実現を目指し、学年目標を基に、学級において育もうとする児童生徒像を明確に学級指導目標実現のための学級経営案をもって、具体的方策を立案する。

② 学級指導目標の実現を目指し、学校の各種教育計画に従って、学級経営計画、さらに担当教科、総合的な学習の時間、道徳及び特別活動の指導計画を立案する。

　各種表簿、観察、関係者の話等を通じて、児童生徒の心身の特徴を把握し、望ましい人間関係の中で、児童生徒の健全育成や学校生活の充実が図られるように心がける。

③ 児童生徒一人ひとりの学力の特徴や傾向、得意教科や不得意教科、つまずきなどの実態を正確に調査、十分に理解をし、把握した上での適切な指導に努める。

④ 教室の物的環境の整備と管理に努め、児童生徒が毎日の生活や学習活動

で向上できるように学習環境、生活環境の両面から環境の整備を心がける。
⑤　学級を経営する上で必要な事務的な作業を行う。具体的には、児童・生徒の学習評価、各種表簿作成などの事務処理を行う。
⑥　学級経営に関する保護者の理解を促し、連携を深めるために、学級通信の発行や懇談会、家庭訪問などを行う。

このように、学級経営とは、学習指導や生活指導をはじめ、学級内の人間関係を築いたり、学級の物的環境の管理や整備を行ったりするなどの教育活動のことである。学級担任は、このような仕事を通して児童生徒の指導に当たる。

今日、子どもたちのまわりでは、人間関係にかかわる様々な諸問題が見受けられる。このことは、社会における地域、家庭における子どもたちの人間関係の希薄さや、社会体験の不足などから、人とのかかわる機会が少なくなってきていることが原因の1つとも言える。しかし、学校においても、子どもたちの人間関係の相互間の修復を図る指導にとどまっているのが現実である。

4．校務分掌

校務とは、学校における公的な業務（学校の運営・管理）物的管理、人的管理、教育活動の遂行、その任務を果たすための業務全般をいう。

かつて校務とは、学校における管理事務に重点をおくと解釈され、教員の職務には含まれないとの狭義的な解釈もあったが、今は学校の教育目標を達成すべくすべての業務と広義的に理解されるようになった。

その校務の内容を分類すると、以下の5つのカテゴリーとなる。
①　教育課程に基づく学習指導など教育活動に関するもの。
②　学校の施設設備や教材教具に関するもの。
③　教職員の人事にかかわるもの。
④　文書の作成処理や人事管理事務、会計事務など学校の内部事務に関するもの。
⑤　教育委員会などの行政機関やPTA、社会教育団体などとの連絡調整に関するもの。

以上のように事務的な要素もあるが教育活動も含まれており校務を事務とだ

けみなすものではない。

次に分掌ということについて考えてみる。

分掌とは組織（職務や権限の分担を固定したお互いの関連）における職務や職責を整理、分配、割り当てる事であり、校務分掌は教育目標達成のため、学校内における運営上必要な業務分担である。また業務分担のために編成された組織系統を指すこともある。

このように、学校も組織であり、最高責任者である校長は校務掌理権を拠り所にして校務遂行の責任者として校務をつかさどり、所属職員を監督することが「学校教育法」28条の3で定められている。また、校長には一切の学校運営の権限が委ねられており、教職員に対し校務の分掌を命ずることができる。しかしながら、いくら校長や教職員が優れた能力をもっていても教育目標の達成は安易なことではなく、学校が組織である以上、教職員は、学校全体の運営にかかわっていかなければならない。そこで教職員は一人ひとりに均等に役割をもたせ校務を分担しながら協働によって処理を行っていくために編成されたものが校務分掌である。

校務分掌は、学校規模や教育目標および生徒・児童、教職員などの実態に応じてつくられるなど独自性をもつ性格のもので各学校ごとに作られている。

校務分掌については一般的に図9-2に示したような組織図で示されている。

（1）校務分掌の組織編成について

図9-2で示した高等学校の一例であるが、機能別によって考えると、大きくは経営組織と教育組織に分けられる。経営組織は校務分掌組織と企画運営組織とに分けられる。校務分掌組織は教務関係に関することと事務・管理、経理に関することに分けられる。企画運営組織は事務組織や教育組織を統轄することを目的とし組織の分担、調整などが主な業務となる。教育組織は、教員を組織する教育指導組織と学習指導組織とに分けられる。教育指導組織は、学年・学級という単位に分類と強化による分類が代表的なものである。学習指導組織は、教育指導組織と同様に学年・学級が通常ではあるが、時代と共に最近では無学年制や単位制などにより新しい学習指導組織の試みが広がっている。具体的におもな校務分掌の仕事について説明してみよう。

第9章　学校の経営組織　177

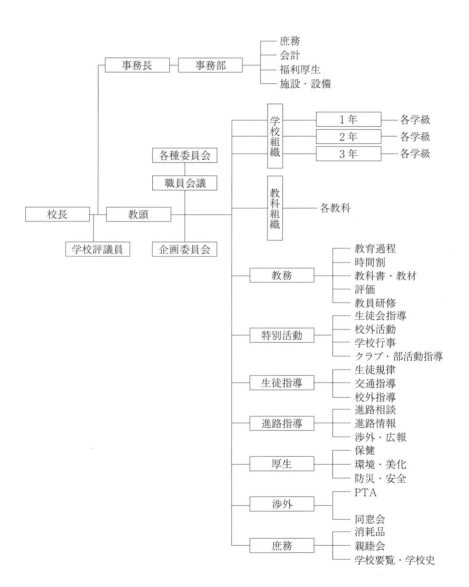

図9-2　校務分掌組織図（高等学校、一般例）
（田原恭蔵・林勲編『教育概論』より引用）

1）教務

児童・生徒の学籍・成績評価に関する事務処理、教育課程（カリキュラム）の検討、時間割の作成、定期考査の実施運営、教科書に関する事務処理、教員研修など。

2）生徒指導

児童・生徒の校内外の生活上の指導指針の作成、補導、問題児童・生徒の指導、校則などの検討、交通安全指導、拾得遺失物の管理など。

3）特別指導

生徒会（児童会）の運営指導、クラブ、部活動指導、学事行事の企画運営、校外活動の企画運営など。

4）進路指導

進学・就職活動の支援、進学・就職情報の収集と広報、針路に関する統計、事務処理、模擬試験・面接の指導など。

5）事務

施設・設備の管理、営繕、出納、給与管理、財産管理、契約など。事務に関しては行政職として事務室が行うのが通常である。

見てわかるように、校務分掌の狙いは、教育目標の達成にある。よって校務分掌の組織は教育目標と深い関係によって系統化、編成されている。編成においては、以下の内容が主として盛り込まれている。

① 校務の合理化と効率化。
② 業務内容の性質と量を加味した分担と適正化。
③ 教職員の経験や専門性、意思に基づいた適正な配置。
④ 役割と使命、責任の明確化。
⑤ 教職員の合意

この5点は教育目標達成の観点から校務を整理、系統化し基本的な業務から重点的な業務を整理し設定するものである。また学校現場にはいろいろな資質を有した教職員が集まる。その実態をよく把握した上で業務分担の適正化を図りながら教職員の性別、経験、特性、専門領域など考慮し適材適所を図るのである。

その際忘れてはならないのが、役割の重複や漏れなど、配置には配慮すると

共に職務における責任をあらかじめ明確に提示する必要がある。役割と責任の明確化はトラブルを避けるためにも気をつけなくてはならない点である。

校務分掌の教職員への割り当ては本来、校長の職務上の権限に属するが、校務分掌は教職員の参加の合意の形成を得た民主的原則の下に組織化されることは、学校経営の円滑化にもつながる。実際には校長が各教職員から希望をとった上で最終決定を下している。

校務分掌は、教員一人ひとりが学校経営に参加でき、他の教員から指導や情報を得ることができ、資質向上の観点からも良き機会である。校務分掌は教育活動と同じくらい重要な仕事である。

5．PTAと地域社会

(1) PTAとは

学校経営の観点から学校教育目標の達成に向かい、学校教育を有効的にかつ円滑に推進するためには、教職員の力だけでは十分とはいえない。

学校に在籍する生徒には保護者がいる。その保護者の協力、理解なくして子どもたちを育てることは安易なことではない。この保護者の協力組織体が学校、地域、家庭の教育機能を高めるために学校毎に組織された社会教育団体である。

では現在のPTAがどのような経緯で誕生し現在があるのかを見てみよう。

(2) PTAの歴史

PTAはParent-Teacher-Associationの頭文字をとり略語としてPTAと呼んでいる。PTA組織は、アメリカにおいて1897年に子どもの健全な成長を願う、全国母親協議会として発足し、その後教師と父親の参加に伴い、1924年全国父母教師協議会に拡大した、母親、父親、教師で構成される連携組織である。日本では第二次世界大戦後、敗戦と共に、連合国軍最高司令官総司令部GHQ/SCAP (General Headquarters, the Supreme Commander for the Allied Powers) の「アメリカ教育使節団報告書」での提案で導入され、各学校ごとに組織された、保護者と教職員による教育関係団体である。しかしながら、PTA活動は自由意思ではなく、占領軍や文部省（現文部科学省）の強力

な指導の下、発足した経緯もあり、強制や義務で奉仕活動などをさせられているという意識が強く、自主的、民主的な傾向も薄く、財政的な後援をする団体の役割を担ってきた。

PTAの日本語表現としては、当時の文部省（現文部科学省）によって「父母と先生の会」や「親と教師の会」「保護者と教職員の会」などともされた。今でもいわれている「育友会（いくゆうかい）」もその当時に発足、つくられた呼び名である。法的には、任意の社会教育関係団体の位置付けにて各自が任意で入会する団体で、その主旨は保護者と教員が学びあうことで、その成果を児童・生徒に還元し、学習成果の還元場所は、学校、家庭、地域であり、同時に後に確立される、民主的な会としてPTA組織を運営するといった設計思想があり、民主主義思想を浸透させる手段としてアメリカが日本の教育に導入したものである。

PTAは、学校単位での活動が基本である。そして学区内のPTAごとに組織され、市区町村単位のPTA連合が組織され、都道府県のPTA連合（協議会とも称する）を形成する。また、小・中学校を対象とした全国組織の日本PTA全国協議会（通称、日P連）が設置されており、北海道、東北、東京、関東、東海・北陸、近畿、中国、四国、九州の9つのブロックに分かれて活動している。しかしすべてのPTAが日本PTA全国協議会に属しているわけではない。日本PTA全国協議会に属さず独立して活動している組織もあり、属さなくてもPTAを名乗れる点がアメリカのPTA組織との違いである。

また、高等学校のみを対象とした、社団法人全国高等学校PTA連合会（通称、高P連）も存在している。

以上から考え、PTAは父母と教員との協働学習を進め、地域社会における教育的環境整備と教育的連帯の強化を図ることが目的である。

6．地域社会との関係

次に、地域社会の関わりの現状について考えたい。

近年において、地域の教育力が低下してしまっているという現状認識を踏まえて、学校と地域が連携すべく「地域と結びついた教育」の必要性が叫ばれている。では、「地域と結びついた教育」とはどういったものか、また何をすべ

きなのか。

　地域社会的学校の考え方は、地域社会への適応力をつけさせるということだけではなく、地域社会の発展を展望しつつ、地域で起こるであろう諸問題を予測、または解決していくことができる自主的で自発的な創意工夫に富んだ創造力豊かな人間形成の中で、「生きる力」を育てる教育を目指さなくてはならない。

　地域にある資源の活用として、社会教育施設、体育館や青少年自然の家、青年の家など、また、学社連携にて、地域社会の教育施設を活用、集団生活の中での規律や秩序、仲間作りなどで地域資源を活用する一方、学校の施設を地域の大人に積極的に解放、地域住民らが学ぶ機会を提供する事も考えていかなければならない。

　また子どもの社会性の育成なども地域の力が重要である。地域社会において大人を含む異年齢の集団の中で縦の人間関係を学び、社会の秩序、規範、責任、協力などを体得することにより社会性を身につけさせるのである。

　これからの学校において教員と保護者というものだけで子どもたちを育てていくのではなく学校と家庭を取り巻く地域社会という大きな空間にて学校と家庭の結びつきと子どもの自主的人間形成を促していくことである。

7．職員会議

　学校には各種校内組織が設置され、学校経営に大きな役割を担っている。職員会議もそのひとつである。職員会議は教職員の意思伝達を図るコミュニケーションの場、教職員が経営参加できる場、業務に関する連絡調整の場、教職員の研究・研修の場という機能をもつもので、教職員が一堂に会して行われる重要な会議組織である。

　しかし過去において、法律上で職員会議の目的や在り方については規定されていなかったため、その性格上、様々な見解が示されてきた。

　①　議決機関説…ほとんどの事項を職員会議の議決で決定された。
　②　部分的議決機関説…教育課程、進級、卒業判定、生徒処分など重要事項のみ職員会議の議決で決定された。

以上2つの議決機関説は、憲法上の「学問の自由」を拠り所にし、大学教授会を準用するもので、理解する観点、教職員の職務として独立を保証する観点、また教育条理によるとする観点などに依拠するものである。しかし、「学校教育法」では、校務をつかさどる権限を与えられており、職務命令を発せられる校長の「責任と権限を法令の根拠なく制限することが許されないのは当然のこと」とあり、よって職員会議での意思決定が校長を拘束することは望ましくないことと解釈されている。

　したがって、行政解釈においては、

③　補助機関説…校長の判断が適切に行われるために教職員の意見を聞き議決はしない。

との補助機関説をとっており地方教育委員会規則などでも職員会議を補助機関として位置づけている。

　平成10年の第16期中教審「地方教育行政」の答申では職員会議を校長が主宰するものとし、「校長の職務の円滑な執行に資するため教職員の意思疎通や共通認識、共通理解の促進、意見交換の場」とした。言い換えれば補助機関としての位置付けということである。

　この答申を受けて、平成12年に行われた「学校教育施行規則」が改正され、職員会議は校長の主宰するものと明確になった。よって職員会議は設置者の定めるところにより設置され校長の円滑な職務の執行に資する機関として位置付けられた（「学校教育施行規則」第48条）。よって職員会議は校長が主宰するものにてその権限は一切校長に属するものとなる。ただここで職員会議が校長の補助機関になると、教職員の学校経営に参加する意識が薄れ、意見も出にくくなる。については、会議以前に各分掌、教科、学年など教職員の意見を聞き取っておく必要がある。その上で部長会や運営会議などで調整、原案を作成の上職員会議を運営すべきである。職員会議運営についても校内規定を基に協議事項なのか報告事項なのか、また連絡事項なのかも明確にし、事前に整理したうえで円滑に職員会議が運営できるように心掛けるべきである。

学習課題

（1）教員の経営参加の必要性が叫ばれていますが、経営参加とは具体的にどのようなことですか。

（2）職員会議の機能はどのようなものですか。

（3）校務分掌とは、そもそも何なのか、法令上の位置付けも併せて説明しなさい。

【参考文献】

浅野良一『学校組織マネージメント』兵庫教育大学教職員大学院研究・連携推進センター　2011

永岡順「学校経営計画」『現代学校教育大事典』ぎょうせい　2002

田原恭蔵・林勲『教育概論』法律文化社　2008

清水義弘『教育原理・教育実践の社会的基礎』光生館　1881

佐藤晴雄『現代教育概論』学陽書房　2011

杉山明男・金子照基編著『学校と学級の経営』第一法規出版　1984

吉本二郎・永岡順『校務分掌』現代学校教育全集18　ぎょうせい　1984

岡田正章・笠谷博之編『UNIVERSITY Text Book　教育原理・教職論』酒井書店・育英堂　2000

大浦猛編『教職課程教科書　教育原理』山文社　1998

永岡順『現代学校教育大事典』ぎょうせい　2002

第10章

特別活動と道徳

⋮

　学校での学習というと、国語・社会・数学（算数）・理科といった教科での学習がまずは思い浮かぶかもしれない。だが、学校での学習は教科の学習にはとどまらない。学級での活動、生徒会での活動、運動会や文化祭、入学式や卒業式といった学校行事等もまた、児童・生徒にとって大切な学習や成長の場である。こうした教育活動は特別活動と呼ばれ、学校での教育活動における一領域となっている。

　また、近年のいじめ自殺問題等を受けて、これまで道徳教育の要として行われてきた道徳の時間が、これからは道徳科（特別の教科道徳）として実施されることになった。学校における道徳教育は複雑な変遷を辿ってきているが、道徳の教科化は、これまで道徳教育が抱えてきた課題を乗り越えるチャンスだと捉えられている。

　第10章では、特別活動と道徳教育の歴史上の変遷はもちろんのこと、改訂された学習指導要領を手がかりとして指導原理を学んでいこう。

I．特別活動

　特別活動は、「児童・生徒各人がさまざまな集団に所属しながら、そこでの集団活動を通して、自らの個性の伸長を図ったり、実際の社会生活に必要な社会性を身に付けたりするなど、生徒一人ひとりの人間形成を図る活動である」[1]。学校で教えられ、学ぶ内容というとまずは、国語、社会、数学（算数）、理科といった教科が思い浮かぶのではないだろうか。だが、学校で教えられ、学ばれることは教科には限られない。教科以外の領域にも教育上、人間形成上の意義があると考えられ、これまで特別活動として行われてきた。では、特別活動とはどのようなものなのであり、どのような歴史をたどってきたのだろうか。今日の学校教育では特別活動をどのように行うことが求められているのだろうか。

1．特別活動の歴史

（1）歴史にみる「特別活動」

　特別活動の理念と実践の起源は西洋における教育のなかに求めることができる[2]。教育は一般的に、教科の教育を通して行われるが、教科の教育以外で行われる様々な活動にも教育的な意味が見いだされてきた。古代ギリシャの学校における社交、公開の演説、中世ヨーロッパの大学における社交や自治、イギリスの私立の中等教育機関であるパブリックスクールにおけるスポーツなどである。

　ペスタロッチ（Johann Heinrich Pestalozzi, 1746 – 1827）による「生活が陶冶する」という生活教育思想に基づく実践、アーノルド（Thomas Arnold, 1795 – 1842）によるチーム・スポーツの導入によるパブリックスクールの改革、さらにデューイ（John Dewey, 1859 – 1952）の「なすことによって学ぶ」という原理を踏まえた実験学校での実践に、今日の特別活動につながる教育実践の思想や系譜を見いだすことができる。

（2）戦前の特別活動

　日本の学校における特別活動は、学校教育の成立とともに始まった。それは、国民の育成、娯楽、教育という要素を複雑に含みながら行われた[3]。卒業式等の儀式的な行事、学芸会、運動会、遠足や修学旅行、さらには職業指導等が、特別活動に対応する教育活動として行われていた。時代を追って見ていくと、明治期の特別活動は、富国強兵や殖産興業を実現するために、臣民の育成を目指して行われていた。大正期、昭和初期には、大正新教育の影響を受けて、児童・生徒の自主性を重んじる活動として行われた。総力戦体制の時代になると皇国民の錬成の目的のもと、軍事的性格をもつようになっていった。

（3）戦後の特別活動

　戦後の特別活動は、1947（昭和22）年に出された学習指導要領とともに始まる[4]。試案として出されたこの学習指導要領では、自由研究の時間が設けられていた。小学校、中学校、高等学校で設けられた自由研究では、①個々人の興味や関心や能力に応じた活動を教科の発展として行う自由な学習、②同好の者が集まって教師の指導のもとに自由な学習を進める組織としてのクラブ活動、③学校や学級に対して負っている責任を果たすための当番や学級委員としての仕事があった。ここでは、教科の発展的な学習、クラブ活動的なもの、さらには、学級活動的なものが混在していたといえる。この自由研究は、今日の特別活動の原型である。なお、中学校では、とりわけ自由研究の主旨が理解されなかったため、1949（昭和24）年に文部省は通達によって特別教育活動として内容を明確にし、運動、趣味、娯楽、ホームルーム活動、生徒会活動とした。

　1951（昭和26）年の学習指導要領（試案）では、小学校における自由研究は、教科以外の活動とされ、中学校と高等学校では、特別教育活動が定められた。小学校の教科以外の活動は、児童会、様々な委員会、児童集会からなる「民主的組織のもとに、学校全体の児童が学校の経営や活動に協力参加する活動」と、学級会、学級内の委員会、クラブ活動からなる「学級を単位としての活動」によって構成されていた。中学校の特別教育活動は、ホームルーム、生徒会、クラブ活動、生徒集会から構成されていた。現在の特別活動にもつながる内容が整えられたといえる。

1958（昭和33）年および1960（昭和35）年の学習指導要領では、小学校、中学校、高等学校を通じて、特別教育活動の名称が統一されるとともに、学校行事が新たに設けられた。これらは、特設された道徳と並んで、教育課程の一領域となった。

1968（昭和43）年、1969（昭和44）年、1970（昭和45）年の学習指導要領では、小学校と中学校の特別教育活動の名称が特別活動となった。高等学校では、各教科以外の教育活動となった。これまでの学校行事は、特別教育活動、各教科以外の教育活動に組み込まれることになった。

1977（昭和52）年及び1978（昭和53）年の学習指導要領では、小学校、中学校、高等学校を通じて、特別活動に名称が統一された。これ以降、今日にいたるまで、特別活動の名称が用いられ、基本的な方向性や内容が受けつがれてきている。

2．特別活動の目標

今日の特別活動では、より具体的にどのようなことが目指されているのだろうか。ここでは、小学校、中学校、高等学校における特別活動の目標をおさえていこう。まず、2017（平成29）年に示された小学校学習指導要領[5]では、特別活動の目標は次のように述べられている。

> 集団や社会の形成者としての見方・考え方を働かせ、様々な集団活動に自主的、実践的に取り組み、互いのよさや可能性を発揮しながら集団や自己の生活上の課題を解決することを通して、次のとおり資質・能力を育成することを目指す。
> (1) 多様な他者と協働する様々な集団活動の意義や活動を行う上で必要となることについて理解し、行動の仕方を身に付けるようにする。
> (2) 集団や自己の生活、人間関係の課題を見いだし、解決するために話し合い、合意形成を図ったり、意思決定したりすることができるようにする。
> (3) 自主的、実践的な集団活動を通して身に付けたことを生かして、集団や社会における生活及び人間関係をよりよく形成するとともに、自己の生き方についての考えを深め、自己実現を図ろうとする態度を養う。

中学校学習指導要領においては、(3)の「自己の生き方」が「人間としての生き方」となっている[6]。これ以外は同じ記述である。次に高等学校学習指導要領における特別活動の目標を見てみよう[7]。

> 望ましい集団活動を通して、心身の調和のとれた発達と個性の伸長を図り、集団や社会の一員としてよりよい生活や人間関係を築こうとする自主的、実践的な態度を育てるとともに、人間としての在り方生き方についての自覚を深め、自己を生かす能力を養う。

このように特別活動においては、実際の学校生活における体験活動を通じて、所属集団での生活を豊かなものとし、自己実現や自己を生かす能力を養うことを目指しているのである。

3．特別活動の内容と指導

特別活動の領域には、学級活動（ホームルーム活動）、児童会活動（生徒会活動）、クラブ活動、学校行事がある。これを、学校段階ごとに整理すると、表10-1のようになる。

表10-1　学校段階ごとの特別活動の領域

小学校			
学級活動	児童会活動	クラブ活動	学校行事
中学校			
学級活動	生徒会活動		学校行事
高等学校			
ホームルーム活動	生徒会活動		学校行事

（出典：文部科学省『小学校学習指導要領』2017年、文部科学省『中学校学習指導要領』2017年、文部科学省『高等学校学習指導要領』2009年）

（1）学級活動（ホームルーム活動）

小学校と中学校では学級活動が行われ、高等学校では、ホームルーム活動が行われる。学級活動（ホームルーム活動）では、学級や学校での生活をよりよくするための課題を見いだし、解決するための話し合いや合意形成、また、役

割分担をして実践することが求められる。さらには、自己の課題の解決や将来の生き方を描くために意思決定をして、自主的、実践的に取り組むこと、これらを通して、特別活動が目標とする資質・能力を育成することが目指されている。内容としては、学級や学校における生活づくりへの参画、日常の生活や学習への適応と自己の成長および健康安全に関すること、さらには、一人ひとりのキャリア形成と自己実現が含まれる。

（2）生徒会活動（児童会活動）

　生徒会活動（児童会活動）では、異年齢の生徒（児童）で協力し、学校生活の充実と向上のために諸問題の解決が図られる。計画を立てて役割を分担し、協力して運営することに自主的、実践的に取り組むこと、これにより特別活動が目標とする資質・能力を育成することが目指される。内容としては、生徒会（児童会）の組織づくりと児童会活動の計画や運営、異年齢集団による交流、学校行事への協力が含まれている。

（3）クラブ活動

　クラブ活動は小学校のみに設けられている。異年齢の児童同士で協力し、共通の興味・関心を追求する集団活動の計画を立てて運営することに自主的、実践的に取り組むことを通して、個性の伸長を図りながら、特別活動が目標とする資質・能力を育成することが目指される。内容としては、クラブの組織づくりとクラブ活動の計画や運営、クラブを楽しむ活動、クラブの成果の発表が含まれる。

（4）学校行事

　学校行事は全校または学年の児童で協力し、よりよい学校生活を築くための体験的な活動を通して、集団への所属感や連帯感を深め、公共の精神を養いながら、特別活動が目標とする資質・能力を育成することが目指される。内容としては、儀式的行事、文化的行事、健康安全・体育的行事、遠足・集団宿泊的行事（中学校および高等学校では、旅行・集団宿泊的行事）、勤労生産・奉仕的行事が含まれる。

4．新学習指導要領における特別活動のポイント

「なすことによって学ぶ」ことを方法原理とする特別活動は、これまでにも特色ある取組みが進められてきた。今回の学習指導要領の改訂では、特別活動の目標が、「人間関係形成」「社会参画」「自己実現」の3点に整理されている[8]。新学習指導要領全体を貫く変更の重要点である、資質・能力の3つの柱に対応して、特別活動においても育成すべき3つの資質・能力が打ち出された。

内容や指導に関しては、「様々な集団での活動を通して、自治的能力や主権者として積極的に社会参画する力を重視するため、学校や学級の課題を見いだし、よりよく解決するため、話し合って合意形成し実践することや、主体的に組織をつくり、役割分担して協力し合うことの重要性」[9]が打ち出されている。今回の改訂で特別活動は、学校教育全体を通して行うキャリア教育の要となることが示されている。例えば、小学校の学級活動の内容にキャリア教育が明確に位置づけられたことが特徴的である。キャリア教育の視点から、小学校、中学校、高等学校のつながりが明確になるようにされている。さらに、学校行事における健康安全・体育的行事では、「事件や事故、災害等から身を守る安全な行動や規律ある集団行動の体得」が新たに加えられている。

II. 道　　徳

　道徳教育とは「人格のうち、特に道徳性の形成を目指す教育を言う。広義の道徳教育には、幼少期の家庭における生活習慣の訓練（しつけ）から、国家社会の成員として必要な資質（市民性、公民性）の涵養までが含まれる」[10]。日本の学校においても道徳教育は歴史をもち、実践を積み重ねてきている。今日、道徳教育は特別の教科となり、学校教育の中の位置づけが変わる転換期にある。道徳教育に対しては、社会からの期待が寄せられている。その一方で、道徳教育を行う場合には、新しい道徳教育のあり方や実施方法を理解しなくてはならないなど、学ぶべきことも多い。では、道徳教育はこれまでどのように行われてきたのだろうか。また今日、どのような道徳教育が求められているのだろうか。ここでは、道徳教育の歴史や道徳性の発達段階といった基礎的な事項をおさえつつ、昨今の改革状況にも触れながら、新しい道徳の指導内容や方法について学んでいこう。

1．日本における道徳教育の歴史

　日本における道徳教育の歴史を学ぶ[11]にあたり、まずは学校が設立されるよりも前の時代、すなわち、江戸時代の道徳教育を見ていこう。江戸時代には現代のような学校があったわけではない。全国で統一された教育課程もなく、それぞれの職業集団ごとに必要な態度や振る舞い方を身につけ、知識や技能を学んでいたのである。こうした学びの中に、今日の道徳教育の側面を見いだすことができるだろう。武士の子どもは、藩校において儒教のテキストによって学習をすすめ、ここで武士らしい態度や振る舞い方、考え方を学んだ。農業を営んだり、ものづくりをしたり、あるいは商いを営む人びとは、それぞれの職業生活を通じて、それぞれの職業にふさわしい態度や振る舞い方を身につけていったのである。

　1872（明治5）年に「学制」が発布され、全国に学校が整備されていく。道徳教育に関しては、1890（明治23）年に「教育勅語」が出される。これは天皇

の言葉を国民に伝えたものであり、徳目が盛り込まれていた。1891（明治24）年の「小学校教則大綱」において、修身科は教育勅語の主旨に基づくものとされた。1904（明治37）年には、国定修身教科書が使用されるようになる。1910年前後（明治後期から大正初期）には、小学校への就学率はほぼ100％に到達する。全国で統一された修身科の教育課程や教科書、ほぼ100％の就学率により、国民のほぼ全員が同一の価値や規範を身に付ける体制が完成したのである。

　1931（昭和6）年に満州事変が起こり、日本は本格的な総力戦へと巻き込まれていくことになる。修身科を通じて行われる道徳教育の内容も軍国主義の色を帯びていくことになる。自国を中心としたものの見方や、いざとなれば、命を投げ捨てて、戦争に協力することなどが美徳とされ、教えられたのである。

　1945（昭和20）年に敗戦を迎えると、連合軍最高司令官総司令部（GHQ）の指令によって修身科は廃止された。代わって道徳教育を部分的に担ったのが、戦後新たに誕生した社会科であった。また、道徳教育は社会科を中心に学校教育活動の全体を通じて行うものとされたのである。国際社会の動向や政治情勢の変化のなか、1958（昭和33）年に学習指導要領が改訂された。この学習指導要領は告示として出され、法的拘束力をもっていた。道徳教育に関しては、新たに「道徳の時間」が特設された。この後、学校教育における道徳教育は、「道徳の時間」を要としつつ、学校教育活動全体を通じて行うことになったのである。ただし、このときの道徳教育は、教科ではなかった。教科書はないし、評価も行わないとされた。学校では、教科書ではなく、読み物資料を収録した副読本が使われた。

　2000（平成12）年以降、道徳教育は新たな局面を迎える。2002（平成14）年に副教材である「心のノート」が文部科学省によって、全国の小学校と中学校に無償配布された。さらに「心のノート」を改訂する形で、2013（平成25）年には、同じく文部科学省によって、「私たちの道徳」が全国の小学校と中学校に無償配布された。

2. 道徳性の発達段階説

　道徳教育を実施するにあたっては、子どもが遂げる道徳的な発達上の段階をあらかじめおさえておく必要がある。これは、道徳性の発達段階と呼ばれる。道徳性の発達段階をおさえておくことで、授業を計画したり、子どもの状況を評価するときの手がかりとすることができる。道徳性の発達段階のなかでも、コールバーグが提示した3水準6段階のモデルが知られている（表10-2）。

表10-2　コールバーグによる道徳性の発達段階

水　準	段　階
Ⅲ　脱慣習的水準	第6段階　普遍的、倫理的原理
	第5段階　社会契約、法律の尊重
Ⅱ　慣習的水準	第4段階　法と社会秩序の尊重
	第3段階　他者への同調、よい子志向
Ⅰ　前慣習的水準	第2段階　道具的互恵、快楽志向
	第1段階　罰回避、従順志向

（出典：コールバーグ & ヒギンズ、1987）

　前慣習的水準（第1段階と第2段階）は、大人の社会生活にいたるよりも前の水準を示している。第1段階は、罰を恐れたり、報酬を得るために幼い子どもが親や教師に従う段階である。第2段階は、お互いの有用性を問題とする段階で友人関係の中で生じる。慣習的水準（第3段階と第4段階）は、大人が送る日常生活の基盤にある道徳性を示す。規則や規範が理解できているレベルである。第3段階は、友人を助けたり、喜ばせたりして、集団から認められることを求める段階である。第4段階は、社会の中で置かれた自分というものを理解する段階であり、法や秩序などを維持しようとする段階である。脱慣習的水準（第5段階と第6段階）は、慣習的水準における道徳的な判断を規定している原理や原則を批判的に反省できるレベルである。第5段階は、規則は自分たちのためにあり、場合によっては変更できるものであると理解する段階である。社会には様々な価値観や考え方があるので、合意に従って行為することが大切だと考える段階である。第6段階は、人間の権利は、平等であり、尊重されな

くてはならないといった普遍的な原理に従って行為することが大切だと考える段階である。

　小学生はおよそ第1段階から第4段階の間にあり、中学生は第3段階から第5段階の間にある。もちろん、一人ひとりの子どもはそれぞれの特徴をもっているし、道徳性の発達にも個人差があるだろう。また、コールバーグのモデルに対しては、ケアの倫理の視点から批判も行われている。それでも、こうしたモデルをおさえておくことで、道徳教育を行うときの手がかりとすることができるだろう。

3．学校における道徳教育 —— 全面主義と特設主義 ——

　現在の道徳教育は、一時間の授業として行う道徳の時間（特別の教科　道徳）を要として、各教科・領域など学校教育の全体を通じて行うことになっている。道徳の授業のために時間を設定して道徳教育を行うことは、特設主義あるいは特設道徳とよばれており、学校教育の全体を通じて道徳教育を行うことは、全面主義あるいは生活道徳と呼ばれている。一時間の授業時間を割いて道徳教育を行うべきかどうか、それとも学校教育の全体を通して道徳教育を行うべきなのか、歴史上、両者の考え方はお互いに対立してとらえられることもあった。現在の学校における道徳教育はこの両者の考え方を取り入れたものとなっている。

4．道徳教育の実践 —— 新学習指導要領から ——

　滋賀県大津市で起きたいじめによる中学生の自殺事件とその後の教育委員会の対応が社会的に大きな問題となり、実効性のある道徳教育が求められた。この事件を契機として小学校と中学校における道徳の時間を教科にする議論が立ち上がり、進められていく。そして、2015（平成27）年には、小学校と中学校の学習指導要領の一部が改正され、道徳の時間が新たに「特別の教科　道徳」として位置付けられることになった。

(1) 学校における道徳教育の目標と指導内容

2017（平成29）年に出された小学校と中学校の学習指導要領では、第1章総則第1「小学校教育の基本と教育課程の役割」（中学校は、「中学校教育の基本と教育課程の役割」）において、道徳教育の目標を次のように述べている。

> 道徳教育は、教育基本法及び学校教育法に定められた教育の根本精神に基づき、自己の生き方を考え、主体的な判断の下に行動し、自立した人間として他者と共によりよく生きるための基盤となる道徳性を養うことを目標とすること。
> 道徳教育を進めるに当たっては、人間尊重の精神と生命に対する畏敬の念を家庭、学校、その他社会における具体的な生活の中に生かし、豊かな心をもち、伝統と文化を尊重し、それらを育んできた我が国と郷土を愛し、個性豊かな文化の創造を図るとともに、平和で民主的な国家及び社会の形成者として、公共の精神を尊び、社会及び国家の発展に努め、他国を尊重し、国際社会の平和と発展や環境の保全に貢献し、未来を拓く主体性のある日本人の育成に資することとなるよう特に留意すること[12]。

道徳教育は学校の教育活動の全体を通じて行うことが求められているため、ここに示す目標もまた、各教科・領域等の教育活動を通して行う道徳教育にかかわってくる。さらに学習指導要領第1章総則では、道徳教育に関する配慮事項として指導内容の重点化を求めている。これを小学校・中学校それぞれについてまとめたものが表10-3である。

(2)「特別の教科 道徳」（道徳科）の目標と内容

さらに、小学校学習指導要領第3章「特別の教科道徳」は、その目標を次のように述べている[13]。

> 第1章総則の第1の2の(2)に示す道徳教育の目標に基づき、よりよく生きるための基盤となる道徳性を養うため、道徳的諸価値についての理解を基に、自己を見つめ、物事を多面的・多角的に考え[14]、自己の生き方[15]についての考えを深める学習を通して、道徳的な判断力、心情、実践意欲と態度を育てる。

この目標の下、内容項目が立てられている。道徳科では、「主として自分自身に関すること」「主として人との関わりに関すること」「主として集団や社会

表10-3　道徳教育の指導内容の重点化

	小学校	中学校
小学校全体	各学校においては、児童の発達の段階や特性等を踏まえ、指導内容の重点化を図ること。その際、各学年を通じて、自立心や自律性、生命を尊重する心や他者を思いやる心を育てることに留意すること。	各学校においては、生徒の発達の段階や特性等を踏まえ、指導内容の重点化を図ること。その際、小学校における道徳教育の指導内容を更に発展させ、自立心や自律性を高め、規律ある生活をすること、生命を尊重する心や自らの弱さを克服して気高く生きようとする心を育てること、法やきまりの意義に関する理解を深めること、自らの将来の生き方を考え主体的に社会の形成に参画する意欲と態度を養うこと、伝統と文化を尊重し、それらを育んできた我が国と郷土を愛するとともに、他国を尊重すること、国際社会に生きる日本人としての自覚を身に付けることに留意すること。
第1学年及び第2学年	挨拶などの基本的な生活習慣を身に付けること、善悪を判断し、してはならないことをしないこと、社会生活上のきまりを守ること。	
第3学年及び第4学年	善悪を判断し、正しいと判断したことを行うこと、身近な人々と協力し助け合うこと、集団や社会のきまりを守ること。	
第5学年及び第6学年	相手の考え方や立場を理解して支え合うこと、法やきまりの意義を理解して進んで守ること、集団生活の充実に努めること、伝統と文化を尊重し、それらを育んできた我が国と郷土を愛するとともに、他国を尊重すること。	

（出典：文部科学省『小学校学習指導要領』2017年および文部科学省『中学校学習指導要領』2017年）

との関わりに関すること」「主として生命や自然、崇高なものとの関わりに関すること」の4つの視点で内容項目が整理された（表10-4）。

「特別の教科 道徳」（道徳科）の内容項目は以上のように構成され、学年を通じて段階的に指導を行うことを求めている。なお、評価に関しては、数値による評価は行わないこととされている。

（3）「特別の教科 道徳」（道徳科）の指導方法――「考え、議論する道徳」――

「特別の教科 道徳」（道徳科）においては、新しく「考え、議論する道徳」を行うように求めている。これは、教師が求める「正しい答え」を児童・生徒に答えさせるような授業ではなく、児童・生徒が、日常生活で感じる諸課題をも取り上げながら、児童・生徒自身に考えさせて、道徳的な価値の自覚を促したり、実践する態度を養うような授業である。

表10-4 道徳科の内容項目

	小学校			中学校
	第1学年及び 第2学年	第3学年及び 第4学年	第5学年及び 第6学年	全学年
A 主として自分自身に関すること	・善悪の判断、自律、自由と責任			・自主、自律、自由と責任
	・正直、誠実			
	・節度、節制			
	・個性の伸長			・向上心、個性の伸長
	・希望と勇気、努力と強い意志			・希望と勇気、克己と強い意志
		・真理の探究		・真理の探究、創造
B 主として人との関わりに関すること	・親切、思いやり			・思いやり、感謝
	・感謝			
	・礼儀			
	・友情、信頼			
		・相互理解、寛容		
C 主として集団や社会との関わりに関すること	・規則の尊重			・遵法精神、公徳心
	・公正、公平、社会正義			
	・勤労、公共の精神			・社会参画、公共の精神
				・勤労
	・家族愛、家庭生活の充実			
	・よりよい学校生活、集団生活の充実			
	・伝統と文化の尊重、国や郷土を愛する態度			・郷土の伝統と文化の尊重、郷土を愛する態度
				・我が国の伝統と文化の尊重、国を愛する態度
	・国際理解、国際親善			・国際理解、国際貢献
D 主として生命や自然、崇高なものとの関わりに関すること	・生命の尊さ			
	・自然愛護			
	・感動、畏敬の念			
		・よりよく生きる喜び		

(出典:文部科学省『小学校学習指導要領』2017年および文部科学省『中学校学習指導要領』2017年)

例えば、これまで道徳の時間で多く使われてきた定番資料に、「手品師」がある[16]。これは売れない手品師が、偶然出会った男の子に手品を披露するという約束と、大劇場で手品を披露するという職業上のチャンスとの間で葛藤し、最後は男の子との約束を守るという物語である。この資料を通して学習されるべき価値は「誠実」であるとされる。

これまで「手品師」資料を用いた授業として、児童に約束を守ることが「誠実」であると教え込んだり、約束を守った手品師の気持ちを尋ねて「すがすがしい気持ち」と答えさせるようなものがあった。そしてこうした道徳の授業に対して批判がなされてきたのである。

これに対しては、「考え、議論する道徳」の観点から次のような授業提案が行われている。男の子との約束を守るべきか、大劇場にいくべきか手品師が葛藤する場面で、「手品師はどのような行動をとるべきか」を児童に話し合わせる。その後、実際にとった行動の背景にある手品師の気持ち、行為を選択した理由や根拠を考えさせるような授業が提案されているのである[17]。

学習課題

（1）あなたはこれまでにどのような特別活動の教育を受けてきただろうか。「学級活動（ホームルーム活動）」「生徒会活動（児童会活動）」「クラブ活動」「学校行事」のそれぞれについてノートにまとめてみよう。

（2）特別活動は、児童生徒の学習や成長にとってどのような意味があるだろうか。クラスメートと話し合ってみよう。

（3）あなたはこれまでにどのような道徳教育を受けてきただろうか。学校の教育活動の全体を通じて行う道徳教育と、道徳の時間（道徳科）のそれぞれについてノートにまとめてみよう。

（4）今日、道徳教育はどうして求められるのだろうか。新聞記事やテレビのニュースなどをもとにして、道徳教育が必要となる社会の状況をまとめてみよう。

【注】
1）荒堀浩文「特別活動の目的」山﨑・南本編著　2017年　p.19
2）山口満「特別活動」安彦ほか編　2002年　pp.221-223。なお、本項は、山口（2002）を参照して記述する。
3）西本佳代「戦前の特別活動」山田編著　2014年　pp.23-37。本項では、西本（2014）を参照して記述する。
4）生野金三「特別活動の歴史」山﨑・南本編著　2017年　pp.177-192
5）文部科学省　2017a年　p.164
6）文部科学省　2017d年　p.147
7）文部科学省　2009年　p.294
8）文部科学省　2017b年　p.6および文部科学省　2017e年　p.6
9）文部科学省　2017b年　p.6および文部科学省　2017e年　p.6
10）木原孝博「道徳教育」安彦ほか編　2002年　pp.191-193
11）岡部美香「道徳教育の歴史―社会動向のなかで―」中戸・岡部編著　2005年　pp.30-46
12）文部科学省　2017a年　pp.3-4および文部科学省　2017d年　p.3
13）文部科学省　2017a年　p.146
14）中学校では、中学校版では「物事を広い視野から多面的・多角的に考え」となっている（文部科学省　2017d年　p.139）。

15) 中学校では、中学校版では「人間としての生き方」となっている（文部科学省、2017d年　p.139)。
16) 江橋　2013年　pp.4-5
17) 渡邉満「道徳科の授業づくりと教科書等の教材の活用」「考え、議論する道徳」を実現する会　2017年　pp.118-127

【参考文献】

安彦忠彦・新井郁男・飯長喜一郎・井口磯夫・木原孝博・児島邦宏・堀口秀嗣編『新版現代学校教育大事典』ぎょうせい　2002年
江橋照雄「手品師」『道徳教育』（2013年2月号）明治図書　2013年　pp.4-5
「考え、議論する道徳」を実現する会『『考え、議論する道徳』を実現する！―主体的・対話的で深い学びの視点から―』図書文化社　2017年
コールバーグ, L. & ヒギンズ, A.（岩佐信道訳）『道徳性の発達と道徳教育』広池学園出版部　1987年
中戸義雄・岡部美香編著『道徳教育の可能性―その理論と実践―』ナカニシヤ出版　2005年
広岡義之編著『新しい特別活動―理論と実践―』ミネルヴァ書房　2015年
細谷俊夫・奥田真丈・河野重男・今野喜清編『新教育学大事典』第一法規　1990年
山﨑英則・南本長穂編著『新しい特別活動の指導原理』ミネルヴァ書房　2017年
山田浩之編著『特別活動論』協同出版　2014年
行安茂『道徳「特別教科化」の歴史的課題―近代日本の修身教育の展開と戦後の道徳教育―』北樹出版　2015年
渡邉満・押谷由夫・渡邊隆信・小川哲哉編『小学校における『特別の教科 道徳』の実践』北大路書房　2016年
渡邉満・押谷由夫・渡邊隆信・小川哲哉編『中学校における『特別の教科 道徳』の実践』北大路書房　2016年
渡邉満・押谷由夫・渡邊隆信・小川哲哉編『『特別の教科 道徳』が担うグローバル化時代の道徳教育』北大路書房　2016年
渡邉満・山口圭介・山口意友『新教科『道徳』の理論と実践』玉川大学出版部　2017年
文部科学省『高等学校学習指導要領』2009年
文部科学省『小学校学習指導要領』2017a年
文部科学省『小学校学習指導要領解説 特別活動編』2017b年
文部科学省『小学校学習指導要領解説 特別の教科 道徳編』2017c年
文部科学省『中学校学習指導要領』2017d年
文部科学省『中学校学習指導要領解説 特別活動編』2017e年
文部科学省『中学校学習指導要領解説 特別の教科 道徳編』2017f年

[執筆者一覧]

●中田　正浩（なかだ　まさひろ）
　宝塚医療大学保健医療学部　教授　キャリア開発センター長
　（まえがき・第1章・第4章）

●中村　正巳（なかむら　まさみ）
　北海道情報大学　教授　教職課程委員長
　（第3章・第8章）

●住本　克彦（すみもと　かつひこ）
　新見公立短期大学　乳幼児学科　教授　学科長
　（第6章）

●久田　孝（ひさだ　たかし）
　環太平洋大学次世代教育学部　教育経営学科　准教授　学生サポートセンター副センター長
　（第9章）

●山口　裕毅（やまぐち　ゆうき）
　環太平洋大学次世代教育学部　教育経営学科　講師
　（第5章・第7章・第10章）

●中田　浩司（なかだ　ひろし）
　神戸女学院大学・関西学院大学・京都産業大学　非常勤講師
　（第2章）

■著者略歴

中田 正浩（なかだ まさひろ）
現在　宝塚医療大学保健医療学部　教授
　　　キャリア開発センター長・教職課程委員会委員長
　　　兵庫教育大学大学院学校教育研究科教科領域教育専攻
　　　修士課程修了
1967年4月　堺市立公立中学校　教諭
1988年4月　堺市教育委員会学校教育部学校指導課　指導主事
1992年4月　大阪府教育委員会泉北教育事務所　指導主事
1996年4月　堺市立小・中学校　校長
　　　　　　環太平洋大学次世代教育学部教育経営学科
　　　　　　教授　学科長・学部長
　　　　　　奈良学園大学人間教育学部教育経営学科　教授

主な著書
『教育現場に求められるこころと品格』（単著）大学教育出版、2008
『教職論（第2版）教員を志すすべてのひとに』（共著）ミネルヴァ書房　2009
『次世代の教職入門』（編著）大学教育出版　2011
『教育フォーラム50〈やる気〉を引き出す・〈やる気〉を育てる』金子書房　2012
『次世代の教育原理』（共編著）大学教育出版　2012
『人間教育を視点にした教職入門』（編著）大学教育出版　2014

教育原理 事始め

2018年4月20日　初版第1刷発行

■著　　者── 中田正浩
■発 行 者── 佐藤　守
■発 行 所── 株式会社 大学教育出版
　　　　　　〒700-0953　岡山市南区西市855-4
　　　　　　電話(086)244-1268(代)　FAX(086)246-0294
■Ｄ Ｔ Ｐ── 難波田見子
■印刷製本── モリモト印刷（株）

Ⓒ Masahiro Nakada 2018, Printed in Japan
検印省略　落丁・乱丁本はお取り替えいたします。
本書のコピー・スキャン・デジタル化等の無断複製は著作権法上での例外を除き禁じられています。本書を代行業者等の第三者に依頼してスキャンやデジタル化することは、たとえ個人や家庭内での利用でも著作権法違反です。

ISBN978-4-86429-510-9